中小企業のための

事業計画作成の手引き

著 公認会計士
徳永　信
安田　憲生
中村　徹

税務経理協会

はしがき

　人間が自分の目標を実現するためには，ただやみくもに行動を開始するのではなく，目標実現のために何が必要か事前に作戦を立ててから物事に取り掛かるのが一般的な行動パターンであると思います。

　企業の経営も同様です。なんの目標も立てず，計画の無いままでは，新しい事業は開始できないでしょうし，既存事業も成り行き任せで同じことの繰り返しでは事業がマンネリ化してさらなる成長は望めません。**事業計画は事業目標を実現し事業を継続して成長させる重要なツール**となります。

　本書はダウンロード可能なエクセル表を利用して**実際に**事業計画表を作成するところまで**具体的な例示**によって解説しています。

　この例示，解説は以下のように個別計画から積み重ねて最終的な事業計画が作成されるように配慮されています。

　　個別計画：　　売上計画，売上原価計画，人員計画，設備投資計画
　　　　　　　　　　資金計画等
　　　　⇩
　　**基本計画三表：予想損益計算書，予想貸借対照表，
　　　　　　　　　　予想キャッシュフロー計算書**

　平成25年3月に**中小企業金融円滑化法**が終了し，中小企業経営改善のため新たに**中小企業経営力強化支援法**による**補助金**，**税額控除**などの**支援策**が打ち出されています。これらの支援策を利用するためには事業計画の存在と支援認定機関による計画の実効性の確認が必要とされています。本書はこのような**支援策の利用を希望する中小企業の管理職および認定支援機関**の皆さまにもご利用いただける内容になっています。

本書が中小企業経営改善の一助となれば幸いです。

2013年4月

德永　信

目　　次

はしがき

第1章　総　　論 …………………………………………………… 1
- 事業計画とは ………………………………………………… 1
- なぜ必要なのか？ …………………………………………… 1
- 事業計画の期間ってどれくらい？ ………………………… 2
- 事業計画に影響を及ぼす事項 ……………………………… 4

第2章　事業計画を実際に作ってみよう ……………………… 5
- 三表の作成手順 ……………………………………………… 5
- 予想P／Lの作成 …………………………………………… 10
- 予想B／Sの作成 …………………………………………… 14
- 予想CFの作成 ……………………………………………… 19

第3章　事業計画の前提となる個別計画の策定 ……………… 21
- 個別計画の作成手順 ………………………………………… 21
  - ❶ 個別計画間の関連性 …………………………………… 21
  - ❷ 売上計画 ………………………………………………… 22
  - ❸ 売上原価計画 …………………………………………… 30
  - ❹ 経費計画 ………………………………………………… 32
  - ❺ 人員計画 ………………………………………………… 36
  - ❻ 設備投資計画 …………………………………………… 40

❼　納税計画 …………………………………………………46
　　❽　資金計画 …………………………………………………50
　　❾　その他計画 ………………………………………………52
　■　各計画の整合性を確かめる …………………………………56

第4章　ケーススタディー …………………………………57
　■　生まれたばかり ………………………………………………57
　■　成　長　期 ……………………………………………………60
　■　行き詰まり ……………………………………………………63
　　❶　事業計画の必要性 ………………………………………63
　　❷　事業計画の信頼性 ………………………………………63
　　❸　窮境原因の把握 …………………………………………64
　　❹　事業再生計画の策定方法 ………………………………67
　■　事業の承継 ……………………………………………………70
　　❶　事業承継者の選択 ………………………………………70
　　❷　親族内承継 ………………………………………………71
　　❸　役員・従業員による承継 ………………………………74
　　❹　第三者への売却 …………………………………………74
　■　会社の価値を把握する ………………………………………75
　　❶　会社の価値の算定とは …………………………………75
　　❷　ＤＣＦ法による企業価値算定 …………………………76
　　❸　時価純資産法による企業価値算定 ……………………79
　　❹　類似会社比較法による企業価値算定 …………………79
　■　金融機関から見たポイント …………………………………82
　　❶　企業全般に関する事項について ………………………82

❷ 各個別案件の検討事項 …………………………………………83
■ タックスプランニングについて ……………………………………87
❶ タックスプランニングの必要性 …………………………………87
❷ タックスプランニングの期間 ……………………………………89
❸ タックスプランニングの方法 ……………………………………89
❹ 【例 示】 ……………………………………………………………93
❺ 消費税のタックスプランニング …………………………………93
付　録 …………………………………………………………………………96
あとがき ……………………………………………………………………111

第1章 総論

事業計画とは

　事業計画とは，あなたの行っている事業の今後の目標。もっとカッコよくいうと，経営者（あなた）の理念を数字化したものともいえるでしょう。本書では事業計画の立案のみならず，事業計画の見直しまでを含めて『事業計画』と定義しています。

なぜ必要なのか？

　事業計画とは，表現を変えると事業を進めていく上での羅針盤です。事業計画なく事業を進めていくことは，羅針盤なしに航海に出るようなものです。

　事業計画を作らなくても，事業が順調に進むこともあります。でも，それは，野球でいうポテンヒット，ボクシングでいうラッキーパンチに過ぎません。結果オーライがずっと続くと思って経営をしていくことは，好ましくありません。

　計画を立てても，実際の事業は計画どおりにいくとは限らないのだから，立てても無駄だと考えている経営者もいらっしゃいます。しかし，計画に比してうまくいかなかった場合は，その原因分析（予実差異分析といいます）を行って業務等の改善を行い，今後の事業計画にフィードバックさせていく必要があります。

　つまり，よく聞くことばですが，Plan（計画）→ Do（実行）→ Check（評価）

→ Act（改善）を続けていくことが広義の事業計画です。事業計画は計画を立てたら終わりというものではありません。

事業計画の期間ってどれくらい？

　事業計画の期間は5カ年のものが一般的です。なぜ，5年なのか？　石の上にも3年っていうじゃないですかと3年としている企業もあります。5年なんてとんでもない！とおっしゃる経営者からは，『1年先の数字が読めないこのご時世に，5年の計画を出せだと？　会計士はどうかしている!!』と言われたこともあります。確かに昨今の経済情勢は，行き先が不透明です。事業の行き先が不透明だからこそ，従業員に対して『俺たち経営陣には明確なVISIONがあり，行き先はきちんと見えている。だから俺たちについてこい。これが俺たち経営陣の目標＝中期5カ年計画だ』といった意気込みを見せてほしいところです。

　5カ年の根拠ですがあのソビエト連邦（現ロシア）も5カ年計画でした。税務上の繰越欠損金の繰越期間も平成16年税制改正前は5年でした。10年だとさすがに長すぎるので，半分の5年という単純なところもありそうです。公認会計士は税効果のスケジューリングや，関係会社の株式の回復可能性の検討等で5年という期間に慣れ親しんでいるというのもあるのかもしれません。

　とりあえず，5年の計画を立ててみましょう。

事業計画の種類
　事業計画といっても，広義の事業計画を数値化したものには様々な種類のものが挙げられます。
　具体的には，
　① 予想損益計算書
　② 予想資金収支計算書 or キャッシュ・フロー計算書
　③ 予想貸借対照表

④　販売計画
⑤　設備投資計画
⑥　人員計画
⑦　資金調達（借入返済）計画
などが代表的なものです。

　事業計画は，必ずしもこれだというものはなく，多くの場合，5カ年の損益計算書をもって，事業計画とする場合があります。金融機関からの借入れを行う場合は，損益計算書ではなく，資金収支計算書に基づく場合もあります。損益計算書と資金収支計算書の違いは，前者は発生主義で作成された経営成績を表しているのに対して，後者は，現金主義で作成された資金繰り表という点です。具体的には，①減価償却費，貸倒引当金繰入額のような非現金支出費用は前者には計上されますが，後者には計上されない。②未収収益（例えば，掛による売上）は，前者には計上されますが，後者には計上されない。③前受収入（売上計上する前に受領した現金預金）は，前者では『収益』として計上されず，負債として計上されますが，後者では『収入』として計上されます。

　また，金融機関からの融資を受ける際には，損益計算書だけではなく，貸借対照表，及び資金収支計算書（キャッシュ・フロー計算書）のいわゆる三表が必要です。なぜなら，当該三表は相互に密接し合っており，事業の遂行及び管理に不可欠なものだからです。もっとも常に計画どおり事業が遂行されるとは限りません。

　例えば，貸借対照表に計上されている固定資産，具体的には建物で考えてみましょう。建物は減価償却を通じて費用化されていきます。損益計算書に減価償却費は費用として計上されます。しかし，予定されていない固定資産の除却や売却，新規取得もあるので5年先の貸借対照表計画は，かなり実際と乖離していくかもしれません。適宜適時に計画を修正していくことで，実態と事業計画の乖離をある程度防ぐことが可能です。

事業計画に影響を及ぼす事項

1．外部経営環境

　外部経営環境とは，企業及び経営者をとりまく環境です。具体的には，マクロ的な影響を及ぼすものから，ミクロ的に影響を及ぼすものまで多種多様なものがあります。

　例えば，
- ①　日本ひいては世界の景気動向
- ②　失業率といった雇用状況
- ③　為替相場
- ④　鉄鉱石や原油，小麦といった原材料の相場
- ⑤　事業に関係する法律の改正
- ⑥　税制改正
- ⑦　天災

などが挙げられます。

2．内部経営環境

　内部経営環境とは，社是，社風や組織風土，経営者の性格等です。目には見えないけれども，企業の経営や行動指針に多大な影響を与えます。従業員のやる気や成長にも大きな影響を及ぼすので，事業計画の達成の可否を左右します。

第2章 事業計画を実際に作ってみよう

三表の作成手順

　三表（予想P／L，予想B／S，予想CF）を作成するための手順をエクセルで作成した事業計画のサンプル（以下「サンプル」といいます）を使って説明します。事業計画のサンプルは複数の製商品を製造・販売している中小企業を想定して作成し，具体的な数値の入力をしています。

　事業計画の作成は，売上計画等の個別計画を作成してこれを各三表（**図表2-1**参照）の各数値に入力することにより行います。三表に直接入力するのは一部（アミのかかったセルの数値）です。

　サンプルには三表のフォーマットのほかに各個別計画のフォーマットがあり，各個別計画のフォーマット上で計算した数値が三表のフォーマットへ直接あるいは前提条件の数値を通じて**図表2-1**のようにリンクしています。サンプルの数値は3月決算の会社を前提として作成しており，計画策定期間を5年としています。また，計画策定期間直前期の数値については，確定した実績ではなく当該期の実績を踏まえた見込み数値を入力するとの仮定で作成しています。実際に5カ年計画を作成する場合は，現在進行中の期を含めない5期間を作成する場合と，現在進行中の期を含む5期間を作成する場合がありますが，サンプルは前者のケースで作成しています。このケースの場合，計画直前期の実績は確定していないため，数値は進行した月次の実績を踏まえて最善の見積もりを行い将来計画の一部として作成していきます。以降の説明では計画直前期及

図表2-1　三表サンプル

予想P/L

(単位:千円)

	直前前々期 ○年○月期	直前々期 ○年○月期	直前期 ○年○月期	計画1期 ○年○月期	計画2期 ○年○月期	計画3期 ○年○月期	計画4期 ○年○月期	計画5期 ○年○月期
売上高	700,000	725,000	727,000	700,500	762,500	780,500	801,000	831,000
売上原価	526,700	543,650	529,844	527,727	547,337	555,681	580,470	593,914
売上総利益	173,300	181,350	197,156	172,773	215,163	224,819	220,530	237,086
売上総利益率	24.8%	25.0%	27.1%	24.7%	28.2%	28.8%	27.5%	28.5%
販売管理費	159,833	164,612	176,554	179,718	187,894	191,290	189,706	189,549
内減価償却費	17,233	19,467	27,248	26,952	30,918	34,235	36,252	39,813
営業利益	13,467	16,738	20,602	△6,946	27,269	33,529	30,823	47,537
営業利益率	1.9%	2.3%	2.8%	-1.0%	3.6%	4.3%	3.8%	5.7%
営業外収益	-	-	-	-	-	-	-	-
営業外費用	-	150	550	950	1,025	675	375	125
経常利益	13,467	16,588	20,052	△7,896	26,244	32,854	30,448	47,412
特別利益	-	-	-	-	-	-	-	-
特別損失	-	-	-	-	-	-	-	-
税引前利益	13,467	16,588	20,052	△7,896	26,244	32,854	30,448	47,412
法人税等	4,500	6,000	7,088	70	6,492	11,569	10,727	16,664
直前期純利益	8,967	10,588	12,964	△7,966	19,752	21,285	19,721	30,748

予想B/S

(単位:千円)

	直前前々期	直前々期	直前期	計画1期	計画2期	計画3期	計画4期	計画5期
【流動資産】	218,760	230,451	244,571	252,025	258,264	269,065	282,852	321,017
現預金	28,060	29,751	56,473	68,608	62,061	68,818	76,088	107,571
売上債権	110,000	120,000	121,167	116,750	127,083	130,083	133,500	138,500
棚卸資産	80,000	80,000	66,230	65,966	68,417	69,460	72,559	74,239
その他流動資産	700	700	700	701	703	704	706	707
【固定資産】	237,978	237,728	304,842	307,990	319,072	316,836	312,585	304,772
(有形固定資産)	229,111	229,861	284,976	286,857	297,605	294,870	290,118	281,472
建物	114,750	107,250	152,250	148,250	144,250	140,250	136,250	132,250
建物附属設備	56,877	50,877	44,667	39,290	34,568	30,419	26,774	23,570
機械装置	-	-	9,500	18,417	16,417	14,417	12,417	10,417
車両運搬具	-	-	-	-	9,643	17,693	15,015	12,336
工具器具備品	7,484	18,734	27,559	30,899	42,727	42,090	49,663	52,899
土地	50,000	50,000	50,000	50,000	50,000	50,000	50,000	50,000
建設仮勘定	-	3,000	1,000	-	-	-	-	-
(無形固定資産)	8,867	7,867	19,867	21,033	21,367	21,867	22,367	23,200
ソフトウェア	8,167	6,167	18,167	20,333	20,667	21,167	21,667	22,500
その他	700	700	700	700	700	700	700	700
ソフトウェア仮勘定	-	1,000	1,000	-	-	-	-	-
(投資等)	-	-	-	100	100	100	100	100
【資産合計】	456,738	468,179	549,413	560,015	577,336	585,902	595,437	625,789
【流動負債】	106,127	113,763	112,671	106,439	119,207	121,688	121,702	131,506
仕入債務	85,000	90,000	88,307	87,955	91,223	92,614	96,745	98,986
未払法人税等(△未収)	3,000	5,000	4,088	1,301	6,492	8,323	4,942	11,301
未払消費税(△未収)	1,000	1,200	3,006	502	2,580	2,392	1,399	2,405
その他流動負債	17,127	17,563	17,270	17,947	18,912	18,359	18,616	18,814
【固定負債】	-	20,000	35,000	50,000	35,000	20,000	10,000	-
借入金	-	20,000	35,000	50,000	35,000	20,000	10,000	-
その他	-	-	-	-	-	-	-	-
【負債合計】	106,127	133,763	147,671	156,439	154,207	141,688	131,702	131,506
資本金	10,000	10,000	10,000	20,000	20,000	20,000	20,000	20,000
剰余金	340,611	324,416	391,742	383,577	403,128	424,214	443,735	474,283
【純資産合計】	350,611	334,416	401,742	403,577	423,128	444,214	463,735	494,283
【負債・純資産合計】	456,738	468,179	549,413	560,015	577,336	585,902	595,437	625,789

第2章 事業計画を実際に作ってみよう

前提条件

項目	直前前々期	直前々期	直前期	計画1期	計画2期	計画3期	計画4期	計画5期		個別計画表
対前期増減率		3.6%	0.3%	-3.6%	8.9%	2.4%	2.6%	3.7%	←	売上計画
原価率	75.2%	75.0%	72.9%	75.3%	71.8%	71.2%	72.5%	71.5%		売上原価計画
販売管理比率	22.8%	22.7%	24.3%	25.7%	24.6%	24.5%	23.7%	22.8%	←	経費計画 ― 人員計画 / 設備投資計画

営業外・特別損益計画
営業外・特別損益計画
資金計画
営業外・特別損益計画
営業外・特別損益計画

実効税率	32.9%	35.7%	35.0%	35.0%	35.0%	35.0%	35.0%	35.0%		
繰越欠損金の発生				-	7,896	-	-	-	←	納税計画
繰越欠損金使用				-	-	7,896	-	-		納税計画
市県民税均等割	70	70	70	70	70	70	70	70		

前提条件

項目	直前前々期	直前々期	直前期	計画1期	計画2期	計画3期	計画4期	計画5期		個別計画表
										予想CF
売掛金回転期間(月)	1.9	2.0	2.0	2.0	2.0	2.0	2.0	2.0		
棚卸資産回転期間(月)	1.8	1.8	1.5	1.5	1.5	1.5	1.5	1.5		その他資産負債計画

設備投資計画

その他資産負債計画

仕入債務回転期間(月)	1.9	2.0	2.0	2.0	2.0	2.0	2.0	2.0		
中間申告の方法			予定	仮決算	なし	予定	予定	予定		
法人税中間納付割合			0.5							その他資産負債計画
消費税年納付回数			2	4	4	4	4	4		
仮受消費税(売上高)		36,250	36,350	35,025	38,125	39,025	40,050	41,550		売上計画
仮払消費税(売上原価)		27,605	26,842	26,737	27,718	28,136	29,376	30,049		売上原価計画
仮払消費税(販管費)		2,569	2,414	2,440	2,541	2,572	2,637	2,668		経費計画
仮払消費税(設備投資)		2,100	2,100	1,600	2,100	1,600	1,600	1,600		設備投資計画
仮受消費税(営業外特別)		-	-	-	-	-	-	-		営業外特別損益計画
仮払消費税(営業外特別)		-	-	-	-	-	-	-		営業外特別損益計画
消費税支払額		3,977	4,994	4,248	5,766	6,717	6,437	7,233		

予想CF (単位:千円)

	直前前々期	直前々期	直前期	計画1期	計画2期	計画3期	計画4期	計画5期
税引前直前期利益		16,588	20,052	△7,896	26,244	32,854	30,448	47,412
減価償却費		19,467	27,248	26,952	30,918	34,235	36,252	39,813
売上債権増減		△10,000	△1,167	4,417	△10,333	△3,000	△3,417	△5,000
棚卸資産増減		-	13,770	265	△2,451	△1,043	△3,099	△1,680
仕入債務の増減		5,000	△1,693	△353	3,268	1,391	4,132	2,241
その他		636	1,512	△1,827	2,042	257	△738	1,203
法人税等支払額		△4,000	△8,000	△4,123	△35	△9,738	△14,108	△10,306
営業CF		27,691	51,723	17,435	49,653	54,957	49,470	73,683
設備投資		△46,000	△40,000	△30,000	△41,000	△33,000	△32,000	△32,000
その他		-	-	△100	-	-	-	-
投資CF		△46,000	△40,000	△30,100	△41,000	△33,000	△32,000	△32,000
借入		20,000	20,000	20,000	-	-	-	-
返済		-	△5,000	△5,000	△15,000	△15,000	△10,000	△10,000
増資		-	-	10,000	-	-	-	-
配当		-	-	△200	△200	△200	△200	△200
財務CF		20,000	15,000	24,800	△15,200	△15,200	△10,200	△10,200
現預金増減		1,691	26,723	12,135	△6,547	6,757	7,270	31,483
期首現預金残高		28,060	29,751	56,473	68,608	62,061	68,818	76,088
期末現預金残高		29,751	56,473	68,608	62,061	68,818	76,088	107,571

図表2-2　予想P／Lサンプル

予想P/L

	直前前々期 ○年○月期	直前々期 ○年○月期	直前期 ○年○月期	計画1期 ○年○月期
売上高	700,000	725,000	727,000	700,500
売上原価	526,700	543,650	529,844	527,727
売上総利益	173,300	181,350	197,156	172,773
売上総利益率	24.8%	25.0%	27.1%	24.7%
販売管理費	159,833	164,612	176,554	179,718
内減価償却費	17,233	19,467	27,248	26,952
営業利益	13,467	16,738	20,602	△6,946
営業利益率	1.9%	2.3%	2.8%	-1.0%
営業外収益	-	-	-	-
営業外費用	-	150	550	950
経常利益	13,467	16,588	20,052	△7,896
特別利益	-	-	-	-
特別損失	-	-	-	-
税引前利益	13,467	16,588	20,052	△7,896
法人税等	4,500	6,000	7,088	70
直前期純利益	8,967	10,588	12,964	△7,966

第2章　事業計画を実際に作ってみよう　　9

前提条件

項目	直前々期	直前々期	直前期	計画1期	計画2期	計画3期	計画4期	計画5期		個別計画表、他の3表
										予想P/L
										予想P/L
										予想B/S
										予想B/S
										予想P/L＋予想B/S
										予想P/L＋予想B/S
										予想P/L＋予想B/S
										設備投資計画
										その他資産負債計画
借入			20,000	20,000	20,000	-	-	-		
返済				△5,000	△5,000	△15,000	△15,000	△10,000	△10,000	資金計画
増資				-	10,000					
配当				-	△200	△200	△200	△200	△200	
										予想B/S

前提条件

項目	直前々期	直前期	計画1期	個別計画表
対前期増減率	3.6%	0.3%	-3.6%	売上計画
原価率	75.0%	72.9%	75.3%	売上原価計画
販売管理比率	22.7%	24.3%	25.7%	経費計画 ← 人員計画
				設備投資計画
				営業外・特別損益計画
				営業外・特別損益計画
				資金計画
				営業外・特別損益計画
				営業外・特別損益計画
実効税率	35.7%	35.0%	35.0%	
繰越欠損金の発生		-	7,896	納税計画
繰越欠損金使用			-	納税計画
市県民税均等割	70	70	70	

び計画期間5期（合わせて6期）を計画期といい，そこで入力される数値を計画値といっています。

　三表及び個別計画の作成の順番は三表は各表がそれぞれ密接につながり合うため，「Ｐ／Ｌを完全に作成してからＢ／Ｓを次にＣＦを‥」という手順ではなく一表を作成しつつ他の表も同時に作成することになりますが，一般的な手順として最初に数値を決定するのは予想Ｐ／Ｌの売上計画です。これは売上高が事業計画において最も重要な要素でありかつ，他の多くの財務数値の算定に影響を与えるからです。

　もっとも，常に予想Ｐ／Ｌの売上計画を先に作成するのかというと会社の事業上の制約により各計画の作成の順番は異なってくる可能性があります。例えば資金調達額に制約があれば資金計画，従業員の獲得に制約があれば人員計画から先に作成する必要が出てくる場合もあります。しかし，その場合も売上計画を先に作成し，その売上計画を前提に作成した資金計画，人員計画が現実的でないと判断した後で売上計画を修正することが可能ですのでやはり売上計画から先に作成するのが取り組みやすいと思います。

予想Ｐ／Ｌの作成

　予想Ｐ／Ｌの作成手順の概略は以下のとおりになります。

①　個別計画の作成

　事業計画の作成では，計画値を作成する前に「直前々期，直前前々期の数値」（以下，「実績値」といいます）を入力して横に並べ，各段階利益率など財務指標を算定し，過去の業績の趨勢を把握したうえ，将来の計画値を予測します。予想Ｐ／Ｌは一部の数値を除いて，三表のフォーマットに直接入力するのではなく，売上計画等の個別計画に過去の実績値及び将来の計画値を入力し，個別計画で計算した数値を予想Ｐ／Ｌに反映させます。

　個別計画を作成せず，予想Ｐ／Ｌの過去の実績値と前提条件に直接的に数値

を入力する簡便的な方法で事業計画を作成することもできます。例えば三表のフォーマットの売上高の過去の実績値と前提条件の計画1期から計画5期の売上高の増減率に直接数値を入力すると、予想Ｐ／Ｌの売上高は前期の売上高に増減率を乗じた金額となります。ただし、売上の直近実績が前年比1％増加したことを根拠としてその後の計画上の売上も毎期同じ比率で増加していくであろうというような単純なシナリオで事業計画を作成するのは悪い作成例の典型ですのであまり推奨できる方法ではありません。売上の増減には明確な根拠を用意する必要があります。基本的には重要なＰ／Ｌ項目については、各個別計画を基に予想Ｐ／Ｌを作成して各数値の根拠を明確にしておくことが必要です。

②　三表への直接入力

個別計画で算定されない一部の数値（直前々期、直前前々期の法人税）を予想Ｐ／Ｌへ直接入力します。

③　前提条件（実効税率，均等割）の入力

法人税等の算定に係る前提条件として実効税率、均等割額を入力し直前期を含む各計画期の法人税の支払額を算出します。計画期において繰越欠損金の使用を見込んでいる場合は、課税所得が税前利益と一致しないため別に繰越欠損金の発生と使用をプランニングする必要がありますが、この作業は個別計画（納税計画）で実施します。均等割は事業計画上の重要性がなければ省略しても構いませんが、赤字の期でも実際には税額がゼロにはなりませんので留意が必要です。

▶計画作成上のポイントの説明－実効税率とは・実効税率の算定方法－

実効税率とは、課税所得に対する法人税，住民税，事業税の表面税率に基づく所定の算定式による総合的な税率をいいます。実際の租税負担率とは異なるものの、税務申告別表4で加減算項目がなければ理論的には実効税率と租税負担率とは一致します。事業計画では一般的には重要な税務上の損金算入の否認項目は想定されないため法人税等の支払額を予想するうえで法定実効税率を税

前利益に乗じて算定します。実効税率の算定式は以下のとおりです。

図表2－3　実効税率の算定式

$$\frac{法人税率\times(1+住民税率)+事業税率+事業税標準税率\times地方法人特別税率}{1+事業税率+標準事業税率\times地方法人特別税率}=実効税率$$

上場企業など資本金1億円超の大法人で外形標準課税の適用がある会社の繰延税金資産の計上にあたり適用されている税率は概ね35%（復興特別法人税を考慮した場合で約38%）です。

図表2-4　予想B／Sサンプル

予想B/S

	直前前々期	直前々期	直前期	計画1期
【流動資産】	218,760	230,451	244,571	252,025
現預金	28,060	29,751	56,473	68,608
売上債権	110,000	120,000	121,167	116,750
棚卸資産	80,000	80,000	66,230	65,966
その他流動資産	700	700	700	701
【固定資産】	237,978	237,728	304,842	307,990
（有形固定資産）	229,111	229,861	284,976	286,857
建物	114,750	107,250	152,250	148,250
建物附属設備	56,877	50,877	44,667	39,290
機械装置	-	-	9,500	18,417
車両運搬具	-	-	-	-
工具器具備品	7,484	18,734	27,559	30,899
土地	50,000	50,000	50,000	50,000
建設仮勘定	-	3,000	1,000	-
（無形固定資産）	8,867	7,867	19,867	21,033
ソフトウェア	8,167	6,167	18,167	20,333
その他	700	700	700	700
ソフトウェア仮勘定	-	1,000	1,000	-
（投資等）	-	-	-	100
【資産合計】	456,738	468,179	549,413	560,015
【流動負債】	106,127	113,763	112,671	106,439
仕入債務	85,000	90,000	88,307	87,955
未払法人税等(△未収)	3,000	5,000	4,088	35
未払消費税(△未収)	1,000	1,200	3,006	502
その他流動負債	17,127	17,563	17,270	17,947
【固定負債】	-	20,000	35,000	50,000
借入金	-	20,000	35,000	50,000
その他	-	-	-	-
【負債合計】	106,127	133,763	147,671	156,439
資本金	10,000	10,000	10,000	20,000
剰余金	340,611	324,416	391,742	383,577
【純資産合計】	350,611	334,416	401,742	403,577
【負債・純資産合計】	456,738	468,179	549,413	560,015

多くの中小規模の会社においては，外形標準課税の適用がないこと，租税特別措置法による軽減税率が適用されることなど実効税率の算定において大規模の会社とは異なる計算要素があります。サンプルでは資本金１千万円以下の中小規模の会社を想定して実効税率を35％として計算しており，特別な税務上の損金の否認項目がないことを前提とすれば法人税等の見積もり額として不足することはないと思います。しかし，会社の資本金，従業員数，所得の規模により多様な実効税率が算定されますので，サンプルの実効税率計算シートで会社の実効税率を実際に計算してどの程度の税率を見込むかを検討してみてください。

前提条件

項目	直前々期	直前期	計画1期	個別計画表
				予想CF
売掛金回転期間(月)	2.0	2.0	2.0	
棚卸資産回転期間(月)	1.8	1.5	1.5	その他資産負債計画
				設備投資計画
				その他資産負債計画
仕入債務回転期間(月)	2.0	2.0	2.0	
中間申告の方法		予定	仮決算	
法人税中間納付割合			0.5	その他資産負債計画
消費税年納付回数		2	4	
仮受消費税(売上高)	36,250	36,350	35,025	← 売上計画
仮払消費税(売上原価)	27,605	26,842	26,737	← 売上原価計画
仮払消費税(販管費)	2,569	2,414	2,440	← 経費計画
仮払消費税(設備投資)	2,100	2,100	1,600	← 設備投資計画
仮受消費税(営業外特別)	-	-	-	← 営業外特別損益計画
仮払消費税(営業外特別)	-	-	-	← 営業外特別損益計画
消費税支払額	**3,977**	**4,994**	**4,248**	

予想B／Sの作成

予想B／Sの作成手順の概略は以下のとおりになります。作成の手順は予想P／Lと同様、財務数値及び前提条件（実績値、計画値）の入力で、手順は以下のとおりです。

① 予想B／Sの実績値の入力

現預金、借入金及び資本金の直前々期の数値を除き三表のフォーマットの予想B／Sへ直接入力します。現預金の直前々期の数値は予想CFで作成される期末現預金残高より、借入金及び資本金の直前々期の数値は資金計画から計算式で転記されますのでここでの入力は不要です。

② 運転資本（売上債権、棚卸資産、仕入債務）の前提条件の入力

売上債権、棚卸資産、仕入債務の回転期間（月）の実績値は入力した予想B／Sの実績値に基づき下記の数式で計算されます。サンプルでは、直前々期の実績がそれぞれ2.0カ月、1.8カ月、2.0カ月と計算されました。なお、計算に利用する売掛金に滞留している債権がある場合や、陳腐化して動きがない棚卸資産がある場合はこれらを除いて正常な残高で回転期間を算定する必要があることに留意が必要です。

図表2-5　運転資本の回転期間の実績値の算定式

売上債権回転期間	＝	売上債権(実績値)	÷	売上高(実績値)÷12月
棚卸資産回転期間	＝	棚卸資産(実績値)	÷	売上原価(実績値)÷12月
仕入債務回転期間	＝	仕入債務(実績値)	÷	売上原価(実績値)÷12月

次に回転期間の実績値を参考にして計画値の回転期間を予想して入力します。サンプルでは得意先、仕入先との決済条件に変更予定がないと考え売上債権の回転期間及び仕入債務の回転期間は将来においても過去の実績と同じ2.0カ月

が続くと予想しました。棚卸資産に関しては，今後保有在庫を圧縮して保管コストを削減するという目標が掲げられたという想定で実績よりも若干短い1.5カ月を回転期間としました。これら予想回転期間に基づき下記の算式により直前期を含む6カ年の運転資本の金額が計算されます。回転期間の計算とは逆に1月当たりの売上・売上原価に予想した回転期間を乗じることで予想B／S上に運転資本の計画値が導かれます。

図表2-6　運転資本の計画値の回転期間の算定式

売上債権(計画値)	＝	売上高(計画値)÷12月	×	売上債権回転期間
棚卸資産(計画値)	＝	売上原価(計画値)÷12月	×	棚卸資産回転期間
仕入債務(計画値)	＝	売上原価(計画値)÷12月	×	仕入債務回転期間

▶計画作成上のポイントの説明－運転資本の回転期間とは－

　売上債権の回転期間（月）は，期末において売上債権残高が1月当たり売上高の何カ月分残っているか，棚卸資産，仕入債務の回転期間（月）は，それぞれ棚卸資産残高，仕入債務残高が1月当たりの仕入高（棚卸資産に大きな変動がなければ仕入高は概ね売上原価に相当するため回転期間の計算では仕入高ではなく売上原価を利用しています）の何カ月分残っているかを意味します。

　売上債権及び仕入債務の回転期間は，得意先，仕入先との決済条件で決まってきます。例えば得意先に対する支払条件が月末締め翌月払いであれば，売上高の1カ月分の債権が月末に残ることになるため売上債権の回転期間は1に近い数値となります。また，仕入先との決済条件が月末締め翌々月払いであれば月末に月額の仕入高の2カ月分が債務として残ることになるため回転期間は2カ月に近い数値となります。そして，棚資産の回転期間の長短は，主に在庫不足による販売機会の損失と在庫保有コストを比較考量し在庫をどの程度余裕を持って保有するかという会社の在庫保有方針により決まります。

　会社の決済条件や在庫水準に係る会社方針に変更がなければ回転期間は将来においても一定の水準内で安定的に推移すると考えられます。そのため，運転

資本の回転期間の過去の実績値から計画値の回転期間を合理的に予測することができ，将来の売上高又は売上原価と運転資本の回転期間が予測できれば，前述した計算式を使って運転資本のB／S計上額も予想することができます。

③　未払法人税算定のための前提条件の入力

　未払法人税の算定のため，直前期及び計画5期間の前提条件に法人税の中間申告の方法を入力します。

　中間納付が予定されている場合は，前年度実績による予定納付か仮決算による中間申告かを選択して予定納付の場合は「予定」を入力し，仮決算による場合は「仮決算」を入力します。中間申告が予定されていない場合には「なし」を入力します。

　仮決算による中間申告を選択する場合は，中間納付する税額の年度の税額に対する割合を予測して入力します。仮決算による中間申告とは，事業年度開始の日以後6カ月の期間を1事業年度とみなして仮決算を行いその仮決算による申告を行うことです。中間納付する税額の年度の税額に対する割合は，税額が企業の獲得する利益に応じて決まることから，年度の利益のうち上期に獲得する利益割合を過去の会社の月次の業績から算定して入力します。企業の業績に季節変動がなく毎月の利益獲得額が平均的で安定しているような場合は0.5を入力します。

　サンプルでは，エクセルの計算式により「予定」を入力した期は前期の法人税等の半額が，「仮決算」を入力した期は当期の法人税等の額に（1－納付割合）を乗じた金額が，「なし」を入力した期は当期の法人税等の全額が未払法人税として計上されています。

▶計画作成上のポイントの説明－法人税の中間申告とは－

　中間申告とは，原則として事業年度が6カ月を超える法人が事業年度の途中で行う申告と納税のことをいいます。1年決算の前期の税額が20万円を超える場合は当期に中間申告を行う義務があり，実質的に年度で支払う法人税の前払いとなります。中間申告には中間納付額を前事業年度の実績に基づいて行う

「予定申告」と「仮決算による中間申告」があり，前者では前期の法人税額を前期の月数に6を掛けた数で割って納付額を算出し，後者では決算以後6カ月の期間を一事業年度とみなして仮決算を行ったときに割り出される所得金額から納付額を算定します。

　法人税の中間納付義務がある法人については法人住民税及び法人事業税についても中間申告及び納付を行う必要があります。

④　未払消費税算定のための前提条件の入力

　未払消費税を算定するための前提条件を入力します。発生する税額が同じでも，年納税回数により未払計上される消費税額が異なるため消費税の年納付回数を予想して入力します。事業計画のサンプルでは納付回数を年4回と想定しており，未払消費税はエクセルの計算式により当年度の消費税支払予定額から前年度の消費税支払額に3／4を乗じた金額を控除した金額が計上されています。

　その他の各期の消費税計算に必要な仮受仮払消費税の数値は，各個別計画のフォーマットから数値を入力するとエクセルの計算式によりB／S計画の前提条件に反映されます。

▶計画作成上のポイントの説明－消費税の中間申告とは－

　消費税についても法人税等と同じように中間申告の制度があり，前年度の年税額により消費税の年間の納付回数が異なります。具体的には以下のようになります。

図表2-7　消費税の年間納付回数

直前の消費税の年税額 （地方消費税を含む金額）	申告・納付回数
4,800万円超 （6,000万円超）	年12回 （確定申告1回、中間申告11回）
400万円超4,800万円以下 （500万円超6,000万円以下）	年4回 （確定申告1回、中間申告3回）
48万円超400万円以下 （60万円超500万円以下）	年2回 （確定申告1回、中間申告1回）
48万円以下 （60万円以下）	年1回 （確定申告1回）

納付回数が年12回であれば前年の年税額の1／12を11回中間納付し，最後の12回目の納税額は確定決算に基づいた年納税額と中間納付額（11回分）との差額を支払うことになります。3月決算の場合，11回目の支払納付期限は翌年4月になりますので11回目を3月に支払うか翌月4月に支払うかで期末の未払消費税の金額が異なります。サンプルでは3月の支払を前提としており，翌年4月支払の場合は，当年度の消費税支払予定額から前年度の消費税支払額の10／12を乗じた金額を控除するように計算式の微調整が必要になります。なお，消費税の中間納付にも仮決算に基づいて中間申告・納付をする方法がありますがサンプルでは仮決算による納付は想定していません。

⑤ 予想B／Sの計画値の入力

予想B／Sの計画値は現預金残高及び前提条件への入力により計算される運転資本等の数値を除き個別計画からの入力となります。現預金残高は予想CFで期末現預金残高が計算されて予想B／Sにエクセルの計算式で転記されますので数値の入力は不要です。

図表2-8　予想CFサンプル

予想CF	直前前々期	直前々期	直前期	計画1期
税引前直前期利益		16,588	20,052	△7,896
減価償却費		19,467	27,248	26,952
売上債権増減		△10,000	△1,167	4,417
棚卸資産増減		-	13,770	265
仕入債務の増減		5,000	△1,693	△353
その他		636	1,512	△1,827
法人税等支払額		△4,000	△8,000	△4,123
営業CF		27,691	51,723	17,435
設備投資		△46,000	△40,000	△30,000
その他		-	-	△100
投資CF		△46,000	△40,000	△30,100
借入		20,000	20,000	20,000
返済		-	△5,000	△5,000
増資		-	-	10,000
配当		-	-	△200
財務CF		20,000	15,000	24,800
現預金増減		1,691	26,723	12,135
期首現預金残高		28,060	29,751	56,473
期末現預金残高		29,751	56,473	68,608

予想ＣＦの作成

予想ＣＦの作成手順の概略は以下のとおりになります。

エクセルの計算式により，予想Ｐ／Ｌと予想Ｂ／Ｓの数値から営業ＣＦが，設備投資計画及びその他資産負債計画から投資ＣＦが，資金計画から財務ＣＦが自動的に計算されます。予想ＣＦには前提条件の直前々期の借入金の借入金額，返済額及び増資・配当の金額を入力します。

前提条件

項目	直前々期	直前期	計画1期
借入	20,000	20,000	20,000
返済		△5,000	△5,000
増資		-	10,000
配当		-	△200

個別計画表、他の3表
- 予想P/L
- 予想P/L
- 予想B/S
- 予想B/S
- 予想P/L+予想B/S
- 予想P/L+予想B/S
- 予想P/L+予想B/S
- 設備投資計画
- その他資産負債計画
- 資金計画
- 予想B/S

第3章 事業計画の前提となる個別計画の策定

個別計画の作成手順

❶ 個別計画間の関連性

　個別計画の作成手順を説明します。三表と各個別計画の関係性は第2章で説明したとおりですが，各個別計画間においても関連性，整合性を持たせることが必要です。売上計画及びその他主な個別計画の関係性は下記のとおりです。売上計画を頂点として，売上獲得に必要な費用を計画する売上原価計画，経費計画，設備投資計画，人員計画並びに必要資金を計画する資金計画が作成されるというイメージです。売上計画及び資金計画と各個別計画の縦方向の関連性に加え，売上原価計画，人件費計画，経費計画，設備投資計画間の横の関連性も計画作成上重要であり，各計画を有機的につなげ，矛盾なく整合性を持たせることが信頼性の高い事業計画を作成するうえでの重要なポイントとなります。

図表3-1　売上計画と他の個別計画

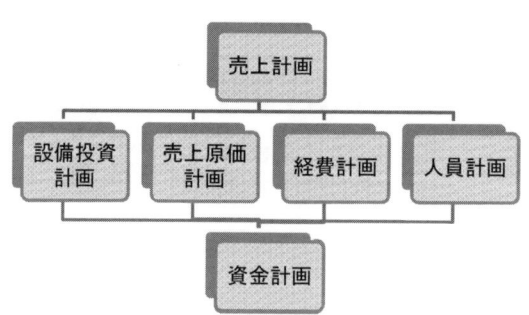

❷ 売上計画

(1) 売上計画の作成方針（誰が決めるか，トップダウンかボトムアップか）

　既に述べたとおり売上計画は事業計画の核となる最も重要な要素です。中小企業において売上計画は経営者の指示によるトップダウン型で作成されることが多いように思います。もちろん事業計画は会社の運営方針の意見表明であり行動指針ですから経営者が自ら決定するものであることに間違いありません。しかし，経営者は目標が高く，ときに理想を追求した数値を要求します。利害関係者に示される売上計画は現実的なものでなくてはならず，かつ，現在の経営環境や，過去の業績，従業員の人員，設備投資額などから見て達成可能なものでなければなりません。会社の経営の今の現実を最もよく理解しているのは会社の業績を管理している管理部門，顧客と日々接している営業部門などの現場です。

　そこで，売上計画の作成では，経営者の意向でトップダウン式に決定した売上数値を目標としつつも，ボトムアップ式に各現場から売上数値を積み上げて作成するというトップダウンとボトムアップを併用する方法が推奨されます。この方法では経営者の要求する数値と現場からの積み上げ数値に乖離があった場合は，両者を調整する必要があります。経営者側は現場の意見を聞いて必要に応じて目標数値を見直すことが必要となりますし，現場は，経営者の意向に従い現状維持に陥らないよう売上高の積み上げ数値を底上げし，収益性を高め

るため，新製品開発，製品の品質向上，販売チャネルの拡大，経費削減に取り組むことになります。

(2) 売上計画の作成手順

売上計画は経営者の意向をくみ取りつつ，現場レベルで数値を積み上げて作成していくということを説明しました。それでは実際にサンプルを利用して売上計画を作成してみましょう。手順は①過去の売上高数値を構成要素別分解する，②各構成要素の推移を分析する，③分析結果から今後の製商品の製造や販売の方針などを踏まえて構成要素ごとに将来数値を入力する，④課税売上高を把握する，です。

① 過去の売上数値の実績値を構成要素別に分解する

売上数値を分解するには，自社の売上数値はどのように管理されているかとう点を確認していきます。ここでの管理とは売上高を一つの数値としてとらえるのではなく，事業別，製商品・サービス内容別，得意先別，販売チャネル別に区分して把握していることを意味します。企業会計には会社が企業外部の利害関係者に対して会計情報を提供することを目的とする「財務会計」と，企業内部の経営者，管理者の業績管理や意思決定に会計情報を提供することを目的とする「管理会計」があります。事業計画の作成にあたってはこの管理会計を利用することが多いので「管理会計」を意識すると売上に限らず過去の財務数値を分解して分析し将来予測を行う切り口が見えてきます。中小企業では一定規模の会社でないと「管理会計」が浸透していないのが実情なのですが，その場合でも事業上の必要性から何らかの方法で数値をひとくくりせず一定の単位で集計している（あるいは自然にされている）ことがあるため，自社の財務数値の管理方法を再確認してください。

具体的にサンプルの「売上計画」を使って簡単な売上計画を作成していきます。まず，「売上高」の表に過去の売上高実績値を入力します。ここでは，売上を製商品ごとに管理していますが，さらに細かく製商品別・取引先別や製商

品別・販売チャネル別など多様な区分方法を採用する場合もあります。また，そこまで細かく数値を管理していない場合，あるいは金額に重要性がない場合は一定の製商品グループを一つにまとめて売上高を把握してもよいでしょう。いずれにせよ貴社の管理状況に合わせて数値をブレイクダウンしていきます。販売管理ソフト，会計ソフトを導入している会社では売上データをエクセル形式で抽出し，集計加工して作成することもできると思います。

　そして，区分された製商品ごとに売上高を売上数量と単価に分解します。売上高は販売価格と販売数量で構成されており，売上高を増やすには価格を上げるか，販売数量を増やすか二つの方法しかありません。「売上数量」に販売数量を入力するとエクセルの計算式で平均単価が算定され，「売上高」が「売上数量」と「単価」に分解されます。なお，単純に「売上高」を「売上数量」と，「単価」に分解できないような場合は自社の管理状況に従って適当なセグメントに分解できないかを検討してください。

②　売上高の各構成要素の推移を分析する

　分解した売上高の構成要素の増減理由を把握します。売上高の一般的増減要因を構成要素別に見ると以下のような事象が考えられます。

売上高＝売上数量×単価

数量の増加要因：品質の向上，販売チャネルの増加，販売促進費増加，他社の撤退

数量の減少要因：製商品陳腐化，競合他社の新規参入，同種の新製品の販売

単価の増加要因：品質の向上，他社の市場からの撤退，製造コスト上昇

単価の減少要因：製商品陳腐化，競合他社の新規参入，製造コスト低下

　売上計画の商品Ａの売上高は前々期実績150,000千円，前期実績140,000千円，当期見込み130,000千円と減少傾向を示しています。その要因は単に売上高の推移だけ見たのでは容易には判明しません。売上高を単価と数量に分けてみる

と数量は増加傾向にあることから売上高の減少は販売単価の低下に原因があることが分かります。例えば社内調査の結果，競合が市場に参入してきたため売上数量を落とさないよう値引販売を実施したため販売単価が下がったということが判明すれば商品Aは，今後も単価の値下がりが予想される状態ということを売上計画策定上考慮する必要がでてきます。

③ 計画値を予測する

　過去の趨勢及び製商品のライフサイクルを踏まえ将来の売上数量と単価を予想して入力し，将来の売上高を算定します。サンプルでは，製品Aの低迷を黙って受け入れる計画とはしませんでした。売上計画では新製品の製品Cを販売していくよう計画しています。製品Aがプロダクトサイクルの中盤を迎え需要が低迷することを想定して開発していた製品Cを投入することにします。Cは，Aを購入した消費者に対して行ったアンケートを基に開発したもので，Aより高機能でかつAがターゲットとする消費者より購買力のある高い年齢層の方にも受け入れられそうです。Cが売れてもAの需要を大きく損なうことはあまり想定されず，売価はAと同等で，売上数量も数年後には今のAの売買数量と同程度になると予想しました。

　第三者が事業計画を検証する場合，いったん減少した売上高が計画2期に前年比8.9％と増加する理由が理解できないかもしれません。売上計画を説明すれば，市場の変化に対応した新製品の販売を含む商品構成の見直しであると説明できます。

④ 課税売上高の把握

　事業計画の売上高のうち，消費税の課税売上高の金額を入力して仮受消費税の金額を算定します。

図表3-2　売上高の構成要素の推移

売上計画

| 対前期増減率 | | | 0.3% |

売上高

売上構成 部門or品目	直前前々期 ○年○月期	直前々期 ○年○月期	直前期 ○年○月期
製品A	150,000	140,000	130,000
製品B	180,000	190,000	192,000
製品C	-	-	-
商品D	270,000	290,000	300,000
商品E	100,000	105,000	
計	700,000		

| | | | 36,250 |

売上を構成要素別に分解：
A製品の売上高減少要因を分析

構成要素別の分析：
低迷の理由は単価の低下

売上数量

売上構成 部門or品目	直前前々期 ○年○月期	直前々期 ○年○月期	直前期 ○年○月期
製品A	400	400	450
製品B	1,100	1,150	1,200
製品C	-	-	-
商品D	500	500	500
商品E	1,000	1,200	1,500
計	2,750	3,250	3,650

単価(売上高/売上数量)

売上構成 部門or品目	直前前々期 ○年○月期	直前々期 ○年○月期	直前期 ○年○月期
製品A	375	350	289
製品B	164	165	160
製品C			
商品D	540	580	600
商品E	100	88	70

第3章 事業計画の前提となる個別計画の策定　27

　　　　　　　　売上増加の根拠必要

| | -3.6% | 8.9% | 2.4% | 2.6% | 3.7% |

→PL計画へ
（単位：千円）

計画1期	計画2期	計画3期	計画4期	計画5期
○年○月期	○年○月期	○年○月期	○年○月期	○年○月期
100,000	100,000	100,000	100,000	100,000
186,000	180,000	168,000	156,000	156,000
6,000	60,000	90,000	105,000	135,000
300,000	300,000	300,000	300,000	300,000
108,500	122,500	122,500	140,000	140,000
700,500	762,500	780,500	801,000	831,000

700,500	762,500	780,500	801,000	831,000
35,025	38,125	39,025	40,050	41,550

→B/S計画へ
（単位：　）

計画1期	計画2期	計画3期	計画4期	計画5期
○年○月期	○年○月期	○年○月期	○年○月期	○年○月期
400	400	400	400	400
1,200	1,200	1,200	1,200	1,200
20	200	300	350	450
500	500	500	500	500
1,550	1,750	1,750	2,000	2,000
3,670	4,050	4,150	4,450	4,550

（単位：　）

計画1期	計画2期	計画3期	計画4期	計画5期
○年○月期	○年○月期	○年○月期	○年○月期	○年○月期
250	250	250	250	
155	150	140		
300	300	300		
600	600	600		
70	70	70		

計画値の入力：
新製品の投入で売上高の回復を見込む

図表3-3　売上原価計画サンプル

売上原価計画

	直前前々期 ○年○月期	直前々期 ○年○月期	直前期 ○年○月期
製品A	**111,275**	**112,738**	**107,133**
製造単価	278	282	238
原価率	74.2%	80.5%	82.4%
材料費	20,000	20,000	18,000
人件費	80,100	78,300	78,056
経費	11,175	14,438	11,077
製品B	**140,425**	**145,913**	**137,711**
製造単価	128	127	115
原価率	78.0%	76.8%	71.7%
材料費	110,000	115,000	108,000
人件費	26,700	26,100	26,019
経費	3,725	4,813	3,692
製品C	-	-	-
製造単価			
原価率			
材料費	-	-	-
人件費	-	-	-
経費	-	-	-
製品D	**225,000**	**225,000**	**210,000**
	83.3%	77.6%	70.0%
	50,000	60,000	75,000
	50.0%	57.1%	71.4%
	526,700	543,650	529,844
原価率	75.2%	75.0%	72.9%

（吹き出し：過去の原価単価を把握する）

製商品1単位あたり単価

	直前前々期	直前々期	直前期
材料A	50	50	40
材料B	100	100	90
材料C	-	-	-
商品D	450	450	420
商品E	50	50	50

製造経費・人件費（経費計画から入力）

	直前前々期	直前々期	直前期
人件費	106,800	104,400	104,075
経費	14,900	19,250	14,769

第3章　事業計画の前提となる個別計画の策定　29

(単位：千円)

計画1期 ○年○月期	計画2期 ○年○月期	計画3期 ○年○月期	計画4期 ○年○月期	計画5期 ○年○月期
103,240	**87,902**	**84,027**	**87,372**	**89,044**
258	220	210	218	223
103.2%	87.9%	84.0%	87.4%	89.0%
16,000	16,000	16,000	16,000	16,000
77,499	64,043	60,302	61,897	61,379
9,741	7,859	7,725	9,476	11,665
137,080	**131,967**	**130,676**	**131,791**	**132,348**
114	110	109	110	110
73.7%	73.3%	77.8%	84.5%	84.8%
108,000	108,000	108,000	108,000	108,000
25,833	21,348	20,101	20,632	20,460
3,247	2,620	2,575	3,159	3,888
4,908	**39,967**	**53,478**	**61,307**	**72,522**
245	200	178	175	161
82%	67%	59%	58%	54%
2,000	16,000	24,000	28,000	36,000
2,583	21,348	26,131	28,885	30,689
325	2,620	3,348	4,422	5,832
205,000	**200,000**	**200,000**	**200,000**	**200,000**
68.3%	66.7%	66.7%	66.7%	66.7%
77,500	**87,500**	**87,500**	**100,000**	**100,000**
71.4%	71.4%	71.4%	71.4%	71.4%
527,727	**547,337**	**555,681**	**580,470**	**593,914**
75.3%	71.8%	71.2%	72.5%	71.5%

→P/L計画へ

計画1期	計画2期	計画3期	計画4期	計画5期
40	40	40	40	40
90	90	90	90	90
100	80	80	80	80
410	400	400	400	400
50	50	50	50	50

計画1期	計画2期	計画3期	計画4期
105,915	106,738	106,533	111,4
13,312	13,099	13,648	17,05

計画上の原価単価を予測する

図表3-3 つづき

材料費以外の製造費(人件費・経費)配賦割合

	直前前々期	直前々期	直前期
商品A	3.0	3.0	3.0
商品B	1.0	1.0	1.0
商品C	0.0	0.0	0.0

課税取引

	直前前々期	直前々期	直前期
材料費、商品代		543,650	529,844
経費等		8,450	7,000
合計		552,100	536,844
仮払消費税		27,605	26,842

（吹き出し）人件費・経費の製品への配賦基準を決める

（吹き出し）原価に含まれる課税取引額を把握する

❸ 売上原価計画

次に売上原価計画を作成します。手順は①過去の原価単価の実績を把握する，②計画上の原価単価を予測する，③原価に係る課税取引額を把握する，です。サンプルは製品を自社で製造する会社を想定しており，材料の購入代金以外に製造に係る人件費・経費を原価としています。これらは人員計画・経費計画で数値を算定し，売上原価計画に反映させます。

① 売上原価単価の過去の実績を把握する

製商品別に売上原価を把握します。販売数量が判明していれば単価は比較的容易に算定できると思います。

	計画1期	計画2期	計画3期	計画4期	計画5期
	3.0	3.0	3.0	3.0	3.0
	1.0	1.0	1.0	1.0	1.0
	0.1	1.0	1.3	1.4	1.5

	計画1期	計画2期	計画3期	計画4期	計画5期
	527,727	547,337	555,681	580,470	593,914
	7,014	7,028	7,042	7,056	7,070
	534,741	554,365	562,723	587,527	600,984
	26,737	27,718	28,136	29,376	30,049

→B/S計画へ

② 原価単価の計画値を予測する

　過去の原価単価の実績を踏まえて，計画上の単価を決定します。得意先との取引条件に変化がなく，仕入れする材料・商品の市場供給量も十分であれば過年度の単価をベースに原価単価を予測することになりますが，仕入先との取引条件の見直しや，購入量の増減による単位あたりの仕入単価の変動，仕入材料・商品の市場の需給状況の変化などがあればこれらの情報を考慮したうえで原価単価を決定します。サンプルでは製品Cの売上高の増加に伴い材料Cの購入量が増え，仕入先との取引条件が改善されることを想定し，原価単価が低下することを想定しました。

③ 人件費・経費を各製品へ配賦する

　人員計画・経費計画で算定された売上原価を一定の基準で各製品に配賦しま

す。配賦基準は，製品の売上高やその製品の製造にかかわる人員数・工数，設備稼働時間，材料費等の直接費用が考えられますので，会社の実態にあったものを選択し，一択採用した配賦基準は状況の変化がない限り継続して適用していくことが必要です。

製品ごとの配賦割合をサンプルに入力することで各製品への人件費・経費の配賦額が計算されます。

④ 原価に係る課税取引額を把握する

消費税計算の対象となる課税取引を把握して入力し，仮払消費税の金額を算定します。

❹ 経費計画

経費計画の作成手順は①過去の経費を費目別に区分し，変動費・固定費の区分を行い，課税取引を把握する，②変動費・固定費に分けて将来の計画値を予測する，③経費の前払・未払額等を計算する，です。

経費は売上原価に係るものと販売管理費に係るものに分けて計画しますが，作成の方法に大きな違いがないため，ここでは販売管理費に係る経費を取り上げて作成手順を説明します。

① 過去の経費の費目別区分，固変分解，課税取引の把握を行う

経費計画の明細に費目ごとに実績値を入力し，変動費と固定費に分解していきます。ひとつの費目で固定部分と変動部分に区分できる場合は，同じ費目であっても別々に記載します。また，未払消費税計算のために課税取引を把握して明細の該当個所へ「課税」と記載します。事業計画を作成するうえでは課税取引の把握は科目の内容で判断していけば十分です。

② 将来の計画値を予測する

固定費，変動費に分けて計画値を予測します。サンプルの計画値のセルには，

人件費や減価償却費といった項目を除き「計画値ＳＤ」という項目に入力する対前年比増減率により一定の率で増減していく計算式をあらかじめ入力しています。よって計画値は過去の実績値と増減率から自動で計算されます。但し，一定の場合は自社の経費の性質に応じて計算式を書き換えたり，数値を手入力する必要があり，例えば，変動費は費用の増減の要素となる係数（売上数量，人員数など）に比例して増減するように入力します。

サンプルにおける変動費項目は製商品の売上数量に応じて金額が増加するように計算式を書き換え，固定費については物価変動相当分として対前年比で0.2％増加するという想定で計画値を算定しました。

▶計画作成上のポイントの説明－費用の固変分解－

変動費とは売上など企業活動の動きに従って変動する費用をいい，固定費は短期的には売上などに関係なく固定的に発生する費用をいいます。事業計画作成においては総費用を変動費と固定費に分けることで将来の費用の見積もりを合理的に行いつつ損益分岐点売上高を把握することが可能となり，計画上で最低どれくらいの売上獲得を目指すべきかが明確になります。

変動費，固定費の区分は会社ごとに異なりますが，製造・販売活動に係る費用（材料費，商品仕入代金，広告宣伝費，販売手数料など）は変動費に，管理活動その他に係る費用（人件費，地代家賃，交通費等）は固定費に区分されることが多いと思われます。もっとも同じ人件費でも繁忙期に雇用されるアルバイトに支払われる雑給や正社員の残業代は変動費的要素が高いため変動費に分類することが考えられます。変動費でも一定の水準までの利用は費用が固定的に発生し，一定水準を超えると変動的に発生する準変動費（水道光熱費等）があるなど科目で一律に変動費・固定費を分類することは困難です。難しいところですが変動費・固定費の分類は過去の経費の発生状況から個別に判断していく必要があります。

③　経費の未払額等を計算する

期末において前払費用，未払金，未払費用として計上される科目について販

図表3-4　経費計画サンプル

計画値の計算根拠を入力

対売上高販売管理費比率

SGA(販管費)					直前前々期
a/c	変動/固定	計画値SD	B/S計上科目	課税取引	○年○月期
役員報酬	固定				10,000
給料手当	固定	人員計画	未払金		67,000
賞与	固定	人員計画	－		13,000
退職金	固定	人員計画	未払金		-
法定福利費	固定	人員計画	未払金		10,050
福利厚生費	固定	人員計画	未払金	課税	8,450
広告宣伝費	変動	売上数量	未払金	課税	5,000
販売手数料	変動	売上数量	未払金	課税	6,000
運送費	変動	売上数量	未払金	課税	5,000
旅費交通費	固定	0.20%	未払金	課税	4,500
通信費	固定	0.20%	未払費用	課税	3,800
水道光熱費	固定	0.20%	未払費用	課税	3,400
減価償却費	固定	設備投資計画			7,833
賃借料	固定	0.20%	前払費用	課税	5,000
修繕費	固定	0.20%	未払金	課税	2,300
消耗品費	固定	0.20%	未払金	課税	3,000
保険料	固定	0.20%	前払費用	課税	1,000
交際費	固定	0.20%	未払金	課税	500
寄付金	固定	0	－		2,000
租税公課	固定		－		2,000
計					159,833

	課税	
	仮受消費税	

費目別に変動・固定，課税，前払費用・未払金・未払費用を区分して記載

前払費用	月数	課税取引	直前期
賃借料	1.00	課税	438
保険料	1.00	課税	88
合計			525

第3章　事業計画の前提となる個別計画の策定　35

	24.3%	25.7%	24.6%	24.5%	23.7%	22.8%

→P/L計画へ
（単位：千円）

直前々期	直前期	計画1期	計画2期	計画3期	計画4期	計画5期
○年○月期	○年○月期	○年○月期	○年○月期	○年○月期	○年○月期	○年○月期
10,000	10,000	10,000	10,000	10,000	10,000	10,000
68,500	69,000	72,215	72,937	73,667	71,802	72,520
13,800	14,375	12,036	12,156	12,278	11,967	12,087
-	-	-	1,000	-	1,000	-
10,275	12,420	12,999	13,129	13,260	12,924	13,054
8,470	8,280	8,666	8,752	8,840	8,616	8,702
5,000	5,000	5,027	5,548	5,685	6,096	6,233
7,000	7,000	7,038	7,767	7,959	8,534	8,726
5,000	6,000	6,033	6,658	6,822	7,315	7,479
4,800	5,000	5,010	5,020	5,030	5,040	5,050
4,500	4,000	4,008	4,016	4,024	4,032	4,040
2,900	3,000	3,006	3,012	3,018	3,024	3,030
8,667	19,479	20,654	24,847	27,630	26,251	25,498
5,000	5,000	5,010	5,020	5,030	5,040	5,050
4,500	2,000	2,004	2,008	2,012	2,016	2,020
2,000	1,000	1,002	1,004	1,006	1,008	1,010
1,000	1,000	1,002	1,004	1,006	1,008	1,010
1,200	1,000	1,002	1,004	1,006	1,008	1,010
-	1,000	1,002	1,004	1,006	1,008	1,010
2,000	2,000	2,004	2,008	2,012	2,016	2,020
164,612	176,554	179,718	187,894	191,290	189,706	189,549
51,370	48,280	48,808	50,813	51,438	52,738	53,362
2,569	2,414	2,440	2,541	2,572	2,637	2,668

→P/L計画へ

直前期	直前期	計画1期	計画2期	計画3期	計画4期	計画5期
438	438	438	439	440	441	442
88	88	88	88	88	88	88
525	525	526	527	528	529	530

→その他資産負債計画へ

図表3-4　つづき

未払金	月数	課税取引	直前期
給料手当	1.00		5,583
法定福利費	1.00		838
福利厚生費	1.00	課税	739
広告宣伝費	1.00	課税	438
販売手数料	1.00	課税	525
運送費	1.00	課税	438
旅費交通費	1.00	課税	394
修繕費	1.00	課税	201
消耗品費	1.00	課税	263
交際費	1.00	課税	44
合計			9,461

未払費用	月数	課税取引	直前期
通信費	0.50	課税	166
水道光熱費	0.50	課税	149
合計			315

（前払・未払月数を入力）

　売管理費の明細に「前払費用」「未払金」「未払費用」の区分を記載します。そして，販売管理費の明細の下に位置している，「前払費用」「未払金」「未払費用」の明細に集計したい科目を入力します。そして科目ごとに前払・未払計上する月数（1カ月分の前払であれば1を，10日分の未払いであれば1／3を）を記載すれば，科目ごとに合計金額が集計されます。集計された金額はその他資産負債計画を通じて予想B／Sに計算式で転記されます。

❺　人員計画

　人員計画の作成手順は，①1人当たり単価を把握する，②採用人員，退職者人員を予測する，③人件費関連費用を算定する，です。人員計画で算定された給与及び人件費関連費用（賞与，退職金，法定福利費，福利厚生費の計画値）は経費計画に計算式で転記されます。人件費は経費計画上で他の費用と同じように過去の実績値を参考に計画値を予測することもできますが，計画作成上，人件費の重要性が高く，従業員も多い場合は人員計画に基づき人件費を計画する方法が望ましいと思います。

	直前期	直前期	計画1期	計画2期	計画3期	計画4期	計画5期
	5,708	5,750	6,018	6,078	6,139	5,983	6,043
	856	1,035	1,083	1,094	1,105	1,077	1,088
	741	725	758	766	773	754	761
	438	438	440	485	497	533	545
	613	613	616	680	696	747	764
	438	525	528	583	597	640	654
	420	438	438	439	440	441	442
	394	175	175	176	176	176	177
	175	88	88	88	88	88	88
	105	88	88	88	88	88	88
	9,887	9,872	10,232	10,476	10,600	10,528	10,651

→その他資産負債計画へ

	直前期	直前期	計画1期	計画2期	計画3期	計画4期	計画5期
	197	175	175	176	176	176	177
	127	131	132	132	132	132	133
	324	306	307	307	308	309	309

→その他資産負債計画へ

① 1人当たり単価を把握する

　人件費も他の収益費目項目と同じように1人当たり単価と人員数に分解でき，単価，人員数ごとに数値を計画していきます。サンプルには単価の算定根拠は示されていませんが，1人当たりの単価の算定は過去の給与支給実績を人員数で除して算定します。単価は職階や製造・販売といった部門ごとなどで算出する方法が考えられますが，サンプルでは職階ごとに単価を設定しています。職階ごとの単価に年間昇給率を加味して計画期ごとに適用される単価を決めるために各期の昇給率を入力します。

② 採用人員，退職者人員を予測する

　現在の人員数を把握し，計画期間の採用人員，退職者人員を予測して入力し，各期の人員を計画していきます。これらの人員の増減は特に売上計画と整合性を確保する必要があることに留意し，退職者に対する適切な人員補充などを考慮します。

図表3-5　人員計画サンプル

> 1人当たり単価、昇給率を入力

人員計画

(単位:千円)

役職	直前期	計画1期	計画2期	計画3期	計画4期	計画5期
	○年○月期	○年○月期	○年○月期	○年○月期	○年○月期	○年○月期
昇給率		1.0%	1.0%	1.0%	1.0%	1.0%
部長	7,000	7,070	7,141	7,212	7,284	7,357
課長	6,000	6,060	6,121	6,182	6,244	6,306
係長	4,000	4,040	4,080	4,121	4,162	4,204
一般職員	2,500	2,525	2,550	2,576	2,602	2,628

(単位:人)

部門		役職	直前期	計画1期	計画2期	計画3期	計画4期	計画5期
			○年○月期	○年○月期	○年○月期	○年○月期	○年○月期	○年○月期
原価	購買部	部長	1	1	1	1	1	1
		課長	2	2	1	1	1	1
		係長	2	2	2	2	2	2
		一般従業員	5	6	7	8	9	9
	製造	部長	1	1	1	1	1	1
		課長	1	1	1	1	1	1
		係長	1	1	1	1	1	1
		一般従業員	5	5	5	5	5	5
計			18	19	19	20	21	21
販売管理	総務部	部長	1	1	1	1	1	1
		課長	2	2	2	2	2	2
		係長	2	2	2	2	2	2
		一般従業員	5	5	5	5	5	5
	営業部	部長	1	1	1	1	1	1
		課長	1	1	1	1	1	1
		係長	1	1	1	1	1	1
		一般従業員	5	6	6	6	5	5
計			18	19	19	19	18	18
		部長	4	4	4	4	4	4
		課長	6	6	5	5	5	5
		係長	6	6	6	6	6	6
		一般職員	20	22	23	24	24	24
合計			36	38	38	39	39	39

給与手当

(単位:千円)

部門		役職	直前期	計画1期	計画2期	計画3期	計画4期	計画5期
原価	購買部	部長	7,000	7,070	7,141	7,212	7,284	7,357
		課長	12,000	12,120	6,121	6,182	6,244	6,306
		係長	8,000	8,080	8,161	8,242	8,325	8,408
		一般職員	12,500	15,150	17,852	20,606	23,414	23,648
	製造	部長	7,000	7,070	7,141	7,212	7,284	7,357
		課長	6,000	6,060	6,121	6,182	6,244	6,306
		係長	4,000	4,040	4,080	4,121	4,162	4,204
		一般	12,500	12,625	12,751	12,879	13,008	13,138
計			69,000	72,215	69,367	72,636	75,964	76,724	→経費計画へ
販売管理	総務部	部長	7,000	7,070	7,141	7,212	7,284	7,357
		課長	12,000	12,120	12,241	12,364	12,487	12,612
		係長	8,000	8,080	8,161	8,242	8,325	8,408
		一般	12,500	12,625	12,751	12,879	13,008	13,138
	営業部	部長	7,000	7,070	7,141	7,212	7,284	7,357
		課長	6,000	6,060	6,121	6,182	6,244	6,306
		係長	4,000	4,040	4,080	4,121	4,162	4,204
		一般	12,500	15,150	15,302	15,455	13,008	13,138
計			69,000	72,215	72,937	73,667	71,802	72,520	→経費計画へ
合計			138,000	144,430	142,304	146,303	147,766	149,243

第3章　事業計画の前提となる個別計画の策定

採用，退職
人員入力

採用計画　　　　　　　　　　　　（単位：人）

計画1期 ○年○月期	計画2期 ○年○月期	計画3期 ○年○月期	計画4期 ○年○月期	計画5期 ○年○月期
1	1	1	1	
1	1	1	1	-
1	1	1		
1	1	1	-	-
-	-	-	-	-
-	-	-	-	-
2	2	2	1	-
2	2	2	1	-

退職予定　　　　　　　　　　　　（単位：人）

計画1期 ○年○月期	計画2期 ○年○月期	計画3期 ○年○月期	計画4期 ○年○月期	計画5期 ○年○月期
	1			
	1		-	-
	1	1	1	
-	1	1	1	-
	1			
	1			
	1			
-	2	1	1	-

退職金　　　　　　　　　　（単位：千円）

原価		5,000		
販売管理費		1,000		1,000

→経費計画へ

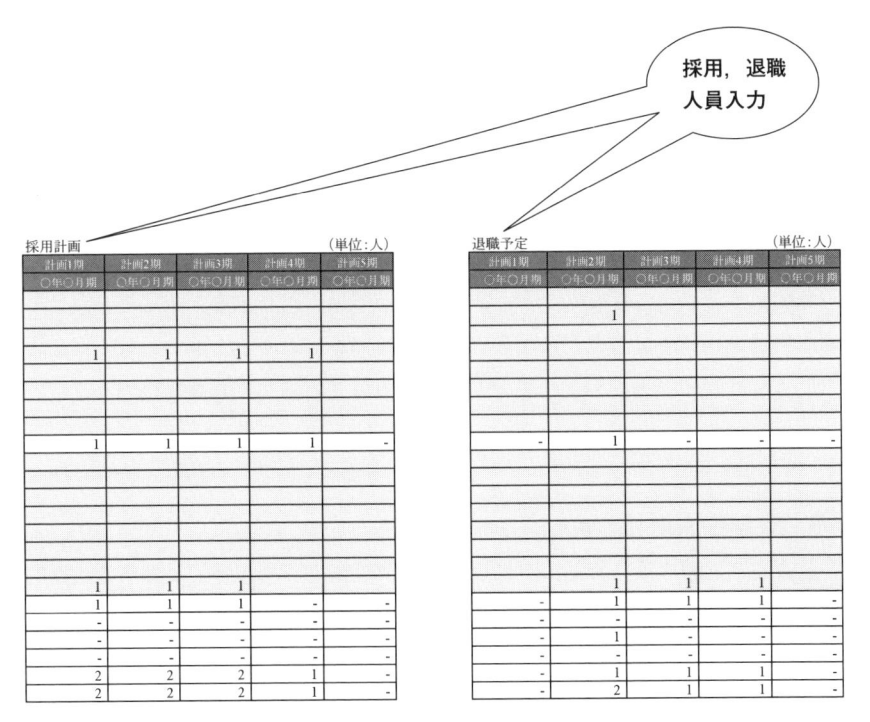

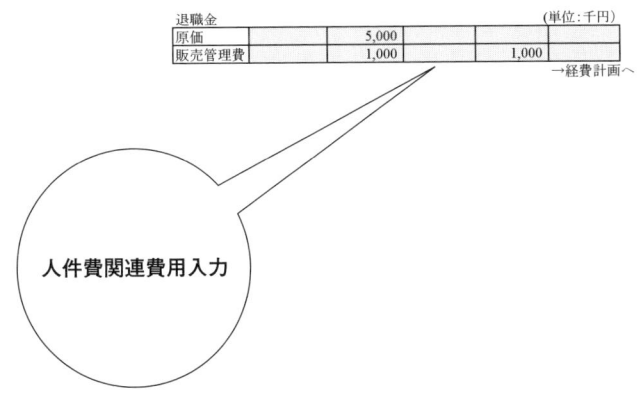

人件費関連費用入力

図表3-5 つづき

賞与	支給月数	2.5	2.0	2.0	2.0	2.0	2.0	
原価		14,375	12,036	11,561	12,106	12,661	12,787	→経費計画へ
販売管理費		14,375	12,036	12,156	12,278	11,967	12,087	→経費計画へ
法定福利費	対給与比率	18%	18%	18%	18%	18%	18%	
原価		12,420	12,999	12,486	13,075	13,674	13,810	→経費計画へ
販売管理費		12,420	12,999	13,129	13,260	12,924	13,054	→経費計画へ
福利厚生費	対給与比率	12%	12%	12%	12%	12%	12%	
原価		8,280	8,666	8,324	8,716	9,116	9,207	→経費計画へ
販売管理費		8,280	8,666	8,752	8,840	8,616	8,702	→経費計画へ

③ 人件費関連費用を算定する

　人件費関連科目の計画値を予測します。退職金は退職者予定者ごとに会社の退職金規程等により算定します。賞与については支給月数を，法定福利費と福利厚生費については各費目の給与に対する比率を入力するとエクセル上で金額が計算されます。過去の実績を参考に計画上の支給月数，対給与比率を決定して入力してください。

❻ 設備投資計画

　設備投資計画では，毎期の設備投資額及び設備投資を考慮した毎期の減価償却額を計画します。作成手順は①直前々期末の期日を入力する，②設備投資情報を入力する，③課税取引の金額及び未払金額を記載する，です。

① 直前々期末の期日を入力する

　旧定率法の減価償却額を予測するために固定資産の取得日から直前々期末日までの経過月数を計算する必要があることから直前々期末の期日を入力します。旧定率法で償却計算される固定資産がなければここでの入力は不要です。

② 設備投資情報を入力する

　設備投資計画シートに固定資産の種類，場所，数量，原価と販売管理の区分，取得時期，取得年月日，直前々期末簿価，取得原価，償却方法，耐用年数，取

人件費関連費用入力

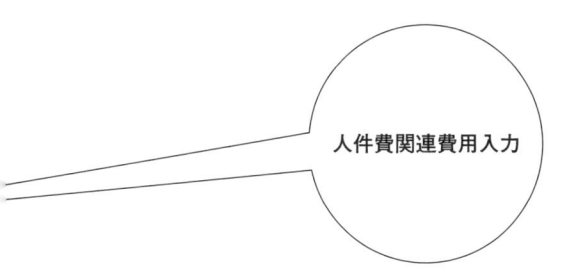

得年の償却月数，償却率，を入力します。入力は固定資産に適用される減価償却方法ごとに分けて行います。サンプルの設備投資情報の償却方法における旧定額法・旧定率法は平成19年度税制改正前の減価償却方法を意味し，定額法，定率法は平成19年度税制改正後の減価償却方法を意味しています。新定率法は平成23年度税制改正後の200％定率法を意味しています。計算式により各期の減価償却額と固定資産の期末簿価及び設備投資額が集計され，Ｐ／Ｌ計画，Ｂ／Ｓ計画，ＣＦ計画に計算式で転記されます。

　ひとつの会計期間に複数の設備投資が予定されている場合は，設備投資が予定されている期の行数をコピー＆ペーストで増やして利用してください。

③　課税取引の金額，未払金残高を入力する

　通常は土地の取得以外は課税取引ですので，サンプルの課税取引の欄には土地の取得以外の設備投資金額を集計します。設備投資に関して期末に未払金の発生が見込まれる場合は未払金残高を入力します。

図表3-6　設備投資計画サンプル

設備投資計画

| 2012/3/31 | 直前々期末期日を入力 |

有形固定資産
旧定額法・定額法

取得時期	科目	種類	場所	数量	原価/販管費	取得年月
既存	建物			1	販売管理費	1999/5/1
直前々期	建物			1	原価	2011/4/1
直前期	機械装置			1	販売管理費	2013/5/1
計画1期	機械装置			1	原価	2013/5/1
計画2期	車両運搬具			1	販売管理費	2014/6/1
計画3期	車両運搬具			1	原価	2015/8/1
計画4期	工具器具備品			1	販売管理費	2016/9/1
計画5期	工具器具備品			1	原価	2017/10/1

※計画期直前々期末日を入力

旧定率法

取得時期	科目	種類	場所	数量	原価/販管費	取得年月
既存	建物附属設備			1	販売管理費	2001/1/5
既存	建物附属設備			1	原価	2002/3/1

※設備投資情報を入力

定率法・新定率法

取得時期	科目	種類	場所	数量	原価/販管費	取得年月
既存	工具器具備品			1	原価	2010/4/1
直前々期	工具器具備品			1	原価	2011/4/1
直前期	工具器具備品			1	販売管理費	2012/4/1
計画1期	工具器具備品			1	販売管理費	2013/5/1
計画2期	工具器具備品			1	販売管理費	2014/6/1
計画3期	工具器具備品			1	原価	2014/7/1
計画4期	工具器具備品			1	原価	2015/8/1
計画5期	工具器具備品			1	原価	2015/9/1

少額資産

取得時期	科目	種類	場所	数量	原価/販管費	取得年月
既存	工具器具備品			10	販売管理費	2010/4/1
直前々期	工具器具備品			10	販売管理費	2011/4/1
直前期	工具器具備品			10	販売管理費	2012/5/1
計画1期	工具器具備品			10	販売管理費	2013/5/1
計画2期	工具器具備品			10	販売管理費	2014/6/1
計画3期	工具器具備品			10	販売管理費	2014/7/1
計画4期	工具器具備品			10	販売管理費	2015/8/1
計画5期	工具器具備品			10	販売管理費	2015/9/1

非償却資産

取得時期	科目	種類	場所	数量	原価/販管費	取得年月
既存	土地			1		2000/4/1
直前々期	土地					
直前期	土地					
計画1期	土地					
計画2期	土地					
計画3期	土地					
計画4期	土地					
計画5期	土地					

第3章 事業計画の前提となる個別計画の策定　43

(単位:千円)

経過月数	直前々期末簿価	取得価格	償却方法	耐年	取得年の償却月数	償却額	残存簿価	直前期償却額	直前期未償却残
	61,250	100,000	旧定額法	30	12	3,000	10,000	3,000	58,250
	95,000	20,000	定額法	20	12	1,000		1,000	94,000
		10,000	定額法	10	6	1,000		500	9,500
		10,000	定額法	10	1	1,000			
		10,000	定額法	7	3	1,429			
		10,000	定額法	8	5	1,250			
		10,000	定額法	5	6	2,000			
		10,000	定額法	4	7	2,500			
								4,500	161,750

経過月数	直前々期末簿価	取得価格	償却方法	耐年	取得年の償却月数	償却率	残存簿価	直前期償却額	直前期未償却残
	27,331	100,000	旧定率法	20		0.109	10,000	2,979	24,352
	23,459	100,000	旧定率法	16		0.134	10,000	3,143	20,315
								6,123	44,667

経過月数	直前々期末簿価	取得価格	償却方法	耐年	取得年の償却月数	償却率	残存簿価	直前期償却額	直前期未償却残
24	6,267	10,000	定率法	8				1,477	4,790
12	7,917	10,000	定率法	8				2,148	5,768
		20,000	新定率法	8	12			5,000	15,000
		10,000	新定率法	8	2				
		20,000	新定率法	8	3				
		10,000	新定率法	8	4				
		10,000	新定率法	5	5				
		10,000	新定率法	5	6				
								8,625	25,559

経過月数	直前々期末簿価	取得価格	償却方法	耐年	取得年の償却月数	償却額	残存簿価	直前期償却額	直前期未償却残
	667	2,000	均等	3		667		667	-
	1,333	2,000	均等	3		667		667	667
		2,000	均等	3		667		667	1,333
		2,000	均等	3		667			
		2,000	均等	3		667			
		2,000	均等	3		667			
		2,000	均等	3		667			
		2,000	均等	3		667			
								2,000	2,000

経過月数	直前々期末簿価	取得価格	償却方法	耐年	取得年の償却月数	償却額	残存簿価	直前期償却額	直前期未償却残
	50,000	50,000							50,000
									-
								-	50,000

図表3-6 つづき

集計結果

P/L・経費計画へ

	直前期 償却額	直前期 未償却前	計画1期 償却額	計画1期 未償却残	計画2期 償却額
原価	7,769		6,298		6,071
販売管理費	19,479		20,654		24,847
合計	27,248		26,952		30,918
検算	-		-		-

B/S計画へ

建物		152,250		148,250	
建物附属設備		44,667		39,290	
機械装置		9,500		18,417	
車両運搬具		-		-	
工具器具備品		27,559		30,899	
土地		50,000		50,000	
建設仮勘定		1,000			
計		284,976		286,857	
検算		-		-	

B/S計画へ

ソフトウェア		18,167		20,333	
電話加入権		700		700	
ソフトウェア仮勘定		1,000			
計		19,867		21,033	

	直前前々期	直前々期	直前期	計画1期	計画2期
建物		20,000	-	-	-
建物附属設備		-	-	-	-
機械装置		-	10,000	10,000	-
車両運搬具		-	-	-	10,000
工具器具備品		12,000	22,000	12,000	22,000
土地		-	-	-	-
ソフトウェア		10,000	10,000	10,000	10,000
電話加入権		-	-	-	-
仮勘定の増減		4,000	△2,000	△2,000	-
未払金残高					1,000
設備投資CF		46,000	40,000	30,000	41,000

課税		42,000	42,000	32,000	42,000
仮払消費税		2,100	2,100	1,600	2,100

第3章 事業計画の前提となる個別計画の策定　45

計画2期末償却残	計画3期償却額	計画3期末償却残	計画4期償却額	計画4期末償却残	計画5期償却額	計画5期末償却残
	6,606		10,000		14,315	
	27,630		26,251		25,498	
	34,235		36,252		39,813	
	-		-		-	

144,250		140,250		136,250		132,250
34,568		30,419		26,774		23,570
16,417		14,417		12,417		10,417
9,643		17,693		15,015		12,336
42,727		42,090		49,663		52,899
50,000		50,000		50,000		50,000
-				-		
297,605		294,870		290,118		281,472
		-				

20,667		21,167		21,667		22,500
700		700		700		700
						-
21,367		21,867		22,367		23,200

計画3期	計画4期	計画5期
-	-	-
-	-	-
-	-	-
10,000	-	-
12,000	22,000	22,000
-	-	-
10,000	10,000	10,000
-	-	-
-	-	-
33,000	32,000	32,000

→その他資産負債計画へ
→CF計画へ

固定資産購入未払金残高を入力

課税取引金額を集計

32,000	32,000	32,000
1,600	1,600	1,600

→B/S計画へ

図表3-7　納税計画サンプル

納税計画
→P/L計画へ

発生年度	繰越欠損金発生	直前期	計画1期
税引前利益		20,052	△7,896
直前前々期			
直前々期			
直前期			
計画1期	△7,896		
計画2期	-		
計画3期	-		
計画4期	-		
計画5期	-		
繰越欠損金使用額		-	-

（過去に発生した繰越欠損金額・発生時期を入力）

❼ 納 税 計 画

　納税計画は予想P／Lにおいて繰越欠損金の使用を見込んでいる場合に作成が必要となります。

　通常，法人税等額は税引前利益に法定実効税率を乗じて計算しますが，繰越欠損金が使用される場合には，課税所得が圧縮されるため繰越欠損金の発生額及び使用額を見込んで法人税等額を計算しなければなりません。

　具体的な手順は①繰越欠損金発生額を入力する，②繰越欠損金の使用額を各計画期に割り当てる，です。

① 繰越欠損金発生額を入力する

　計画期に発生した赤字については予想P／Lから納税計画へ計算式で転記されるため数値を入力する必要はありません。直前々期以前に発生した繰越欠損金額の発生時期及び発生額を入力します。

② 繰越欠損金の利用額を各計画期に割り当てる

　繰越欠損金を各期の課税所得からマイナスするため各期の税引前利益を上限

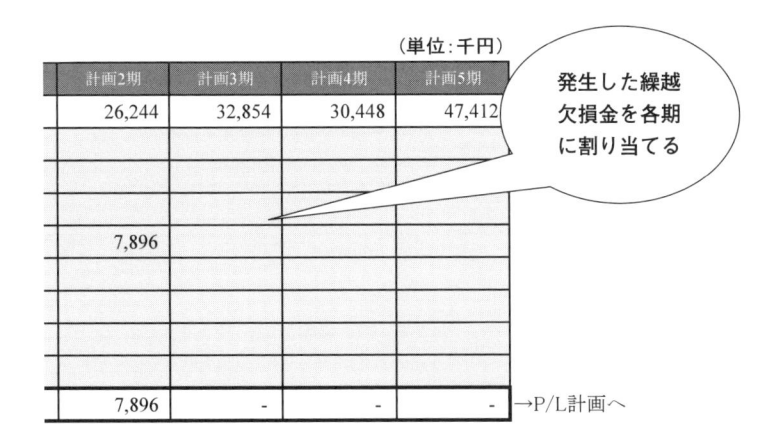

(単位：千円)

	計画2期	計画3期	計画4期	計画5期
	26,244	32,854	30,448	47,412
	7,896			
	7,896	-	-	-

発生した繰越欠損金を各期に割り当てる

→P/L計画へ

として欠損金額を割り当てます。

▶計画作成上のポイントの説明－繰越欠損金の使用制限－

　平成23年度の税制改正において，欠損金の繰越控除制度について中小法人等を除き控除限度額がその事業年度の繰越欠損金控除前の課税所得の100分の80に制限されました。また，これに伴い繰越欠損金の繰越期間が7年から9年に延長されました。

　サンプルは中小規模の会社を想定して作成しており，課税所得の100分の80という制限は考慮していませんので，中小法人等に該当しない会社は上記の制限を考慮して納税計画を作成しなければなりません。また，繰越欠損金の繰越期間が9年に延長されるのは平成20年4月1日以後に終了した事業年度に係る繰越欠損金です。そのため3月決算の会社においては平成21年3月期以降に発生した欠損金について控除期間9年となりそれ以前の欠損金は従来どおり繰越期間は7年です。この点に留意して欠損金を計画期に割り当てていくことになります。

図表3-8　資金計画サンプル

資金計画

				直前期
前期末現金預金残高			①	29,751
【営業収支】				
収入	売上当月回収(売上-期末売上債権)			605,833
	売上債権回収(前期末売上債権)			120,000
	その他収入(営業外・特別利益)			-
	営業収入計		②	725,833
支出	売上原価支払い(原価±期首期末在庫-期末買掛・未払-償却費)			412,907
	買掛金支払い(前期末買掛金)			90,000
	販売管理費(販売管理費-期末未払-償却費)			146,897
	前期末未払金・未払費用(経費)支払い			17,563
	設備の購入			40,000
	利息の支払い			550
	法人税の支払い			8,000
	その他支出(利息以外の営業外・特別損失)			-
	営業支出計		③	715,916
未払消費税の増減額			④	1,806
その他資産負債の増減			⑤	-
営業収支⑥=②-③+④+⑤			⑥	11,723
【財務収支】				
収入	借入金			20,000
	増資			
	財務収入計		⑦	20,000
支出	借入金の返済			5,000
	配当の支払い			
	財務支出計		⑧	5,000
差引収支⑨=⑥+⑦-⑧			⑨	26,723
翌年繰越=①+⑨			⑩	56,473

第3章　事業計画の前提となる個別計画の策定　49

(単位：千円)

	計画1期	計画2期	計画3期	計画4期	計画5期	
	56,473	68,608	62,061	68,818	76,088	
	583,750	635,417	650,417	667,500	692,500	
	121,167	116,750	127,083	130,083	133,500	
	-	-	-	-	-	
	704,917	752,167	777,500	797,583	826,000	
	425,803	445,366	450,054	469,046	474,440	
	88,307	87,955	91,223	92,614	96,745	
	148,526	152,265	152,753	152,619	153,092	
	17,270	17,947	17,912	18,359	18,616	
	30,000	41,000	33,000	32,000	32,000	
	950	1,025	675	375	125	→営業外・特別損益計画へ
	4,123	35	9,738	14,108	10,306	
	-	-	-	-	-	
	714,979	745,592	755,355	779,120	785,323	
	△2,503	2,078	△188	△993	1,006	
	△100	-	-	-	-	
	△12,665	8,653	21,957	17,470	41,683	
	20,000	-	-	-	-	→CF計画へ
	10,000					→CF計画へ
	30,000	-	-	-	-	
	5,000	15,000	15,000	10,000	10,000	→CF計画へ
	200	200	200	200	200	→CF計画へ
	5,200	15,200	15,200	10,200	10,200	
	12,135	△6,547	6,757	7,270	31,483	
	68,608	62,061	68,818	76,088	107,571	

図表3-9　返済予定表サンプル

返済予定表

調達先	返済条件				直前期
○○銀行	契約№.			期首	20,000
	借入日	前期○月○日		借入	
	当初借入金額		20,000	返済	5,000
	利率		2.0%	期末	15,000
	返済期日	計画3期○月○日		利息	350
○○銀行	契約№.			期首	
	借入日	直前期○月○日		借入	20,000
	当初借入金額		20,000	返済	
	利率		2.0%	期末	20,000
	返済期日	計画3期○月○日		利息	200
○○銀行	契約№.			期首	
	借入日	計画1期○月○日		借入	
	当初借入金額		10,000	返済	
	利率		3.0%	期末	-
	返済期日	計画5期○月○日		利息	-
合計				期首	20,000
				借入	20,000
				返済	5,000
				期末	35,000
				利息	550

❽ 資金計画

　資金計画では財務活動による資金の調達，毎期の借入金等の返済額及び資金調達コスト（配当金及び利息）を計画します。資金計画は財務収支以外の項目はすでに予想Ｐ／Ｌ，予想Ｂ／Ｓ，予想ＣＦの各数値から計算式で転記されており，増資による収入額，配当による支出額の入力と借入金等の返済予定表を作成すれば完成です。

　返済予定表には借入利率を含む契約条件，借入額及び返済額を入力します。支払利息はエクセルの計算式で借入金の期中平均残高に利率を乗じて算定されるため，入力する必要はありませんが，すでに金銭消費貸借契約を締結済みで，契約書などで各期の支払額が明らかになっている場合などは当該金額を直接手入力してください。

第3章　事業計画の前提となる個別計画の策定　51

	計画1期	計画2期	計画3期	計画4期	計画5期
	15,000	10,000	5,000	-	-
	5,000	5,000	5,000		
	10,000	5,000		-	-
	250	150	50		
	20,000	20,000	15,000	10,000	5,000
		5,000		5,000	5,000
	20,000	15,000	10,000		
	400	350	250	150	
	-	20,000	15,000	10,000	5,000
	20,000				
		5,000	5,000	5,000	5,000
	20,000	15,000	10,000	5,000	-
	300	525	375	225	75
	35,000	50,000	35,000	20,000	10,000
	20,000	-	-	-	
	5,000	15,000	15,000	10,000	10,000
	50,000	35,000	20,000	10,000	-
	950	1,025	675	375	125

契約内容と借入額，返済額を入力

→資金計画へ
→資金計画へ

図表3-10　その他資産負債計画サンプル

その他資産負債計画

その他資産負債の内訳		直前前々期 ○年○月期	直前々期 ○年○月期	直前期 ○年○月期
その他流動資産	前払費用(経費)	700	700	700
	合計	700	700	700
その他投資	出資金			
	その他			
	合計	-	-	-
その他負債（流動）	未払金(経費)	16,689	17,110	16,832
	未払金(固定資産)	-	-	-
	未払費用(経費)	438	453	438
	合計	17,127	17,563	17,270
その他負債（固定）				
	合計	-	-	-

❾ その他計画

(1) その他資産負債計画

　その他資産負債の計上額を過去の実績を踏まえ計画します。前払費用，未払費用，未払金残高は経費計画，設備投資計画から計算式で転記されます。

(2) 営業外・特別損益計画

　営業取引以外の企業の活動による損益を過去の実績を踏まえ計画します。また，課税取引があればその金額を入力し，仮受・仮払消費税を計算します。支払利息は資金計画から計算式で転記されます。

　なお，営業外・特別損益項目においても通常利息等の前払・未払が発生しま

(単位:千円)

計画1期 ○年○月期	計画2期 ○年○月期	計画3期 ○年○月期	計画4期 ○年○月期	計画5期 ○年○月期	
701	703	704	706	707	
701	703	704	706	707	→B/S計画へ
100	100	100	100	100	
100	100	100	100	100	→B/S計画へ
17,509	17,473	17,919	18,175	18,373	
-	1,000	-	-	-	
438	439	440	441	442	
17,947	18,912	18,359	18,616	18,814	→B/S計画へ
-	-	-	-	-	→B/S計画へ

すが，重要性が低いことが多いためサンプルでは営業外・特別損益計画上で考慮していません。必要に応じてその他資産負債計画に直接入力することになります。

図表 3-11 営業外特別損益計画サンプル

営業外特別損益計画

営業外損益、特別損益の内訳		直前前々期 ○年○月期	直前々期 ○年○月期	直前期 ○年○月期
営業外収益				
	合計	-	-	-
営業外費用	支払利息	-	150	550
	合計	-	150	550
特別利益				
	合計	-	-	-
特別損失				
	合計	-	-	-

利益	課税取引			
	仮払消費税		-	-
費用	課税取引			
	仮受消費税		-	-

(単位：千円)

	計画1期 ○年○月期	計画2期 ○年○月期	計画3期 ○年○月期	計画4期 ○年○月期	計画5期 ○年○月期	
	-	-	-	-	-	→P/L計画へ
	950	1,025	675	375	125	
	950	1,025	675	375	125	→P/L計画へ
	-	-	-	-	-	→P/L計画へ
	-	-	-	-	-	→P/L計画へ
	-	-	-	-	-	→B/S計画へ
	-	-	-	-	-	→B/S計画へ

各計画の整合性を確かめる

　事業計画のサンプルでは各個別計画が計算式でリンクしているため数値間の整合性はある程度確保されていると思われます。しかし，数値間の形式的な整合性だけではなく，各計画間の実質的な整合性を確保する必要があります。

　特に売上計画と各個別計画の整合性は重要です。売上目標を達成するために，計画上の原価（仕入高），従業員数，設備投資額で十分かを検討する必要があることに留意が必要です。売上増加を見込んでいても人員や設備投資の見積もりが十分でなければ結果として費用が過少，利益が過大に見込まれていることになり事業計画の信頼性や達成可能性が著しく欠けることになります。また，資金計画と各個別計画の整合性も重要です。売上目標を達成するために必要な費用及び設備投資に係る支出に見合う資金計画でないと最悪の場合資金ショートを起こしてしまいます。これら各計画間の整合性は単純に数値の整合性だけ見ていては気がつかない場合がありますので売上高が増加する計画であるのに人員や設備投資は削減する方針で作成していないかなどあらかじめチェックポイントを用意しておき，各個別計画を作成しながらそれぞれの計画の方向性に矛盾がないかを確かめていく必要があります。

第4章 ケーススタディー

生まれたばかり

　事業を立ち上げたばかりの段階での事業計画は，特に慎重さが必要となります。なぜなら，資金繰りが軌道に乗っていないため，意外な落とし穴が潜んでいる可能性があるからです。

　例えば，売掛の回収サイトより，買掛の支払サイトが短い場合，支払先行型になり，その分余計に資金を用意しておく必要があります。税金の支払いだけでも，消費税，法人税，源泉税の納付があります。税金の支払いに関しては資金計画の作成にあたり意外と見落としがちなので，注意が必要です。

　さて，生まれたばかりの会社の事業計画策定上の留意点としては，以下の点が挙げられます。

① 事業の見積もり　売上・費用
② 初期投資（イニシャルコスト）及び運転資金の確保
③ ＰＤＣＡ

① 事業の見積もり

　これから，どのように事業を展開していくかという構想を，頭の中から，書面等に文章化及び数値化していく必要があります。すべて経営者の頭の中にはいっている！というようなことで，事業がうまくいくほど，世の中甘くありません。

じっくりと試行錯誤しながら，事業を数値化していく必要があります。

具体的には，売上は「このくらいあればいいなぁ」とか，「このくらいはいくだろうなぁ」といったあいまいなものでは好ましくありません。事業をしていく事業内容の価格（PRICE = P），数量（QUANTITY = Q）を見積もり，P×Qで売上を決定します。その売上達成のために直接費やされるものが，売上原価になります。例えば，小売業の場合，売れた品物を仕入れた価格が売上原価になります。製造業の場合，売れた製品を作る際に費やした材料代，製造作業に従事している人の人件費，製造現場での光熱費，製造現場を借りているのであれば賃借料，などなど製造に要したコストが売上原価になります。飲食店であれば，お客さんが飲み食いしてくれた飲食代が売上になり，売上原価としては，飲まれたワイン代，食事に供した肉・魚・パスタ代，調理に要した人件費，家賃等が挙げられます。基本的にはこれらの費用を積み上げて売上に対応する売上原価を算定します。

② 初期投資（イニシャルコスト）及び運転資金の確保

事業を始めようという段階は，なにかとお金がかかります。最初にかかる費用が初期投資（イニシャルコスト）です。例えば，お店を借りる場合，賃借料のほかに，敷金や礼金が発生します。借りた店舗の内装を手掛けたり，椅子やテーブル，レジに金庫等備品も購入する必要があります。従業員を募集する際には，広告宣伝費や人材派遣会社への登録費用等が発生します。

運転資金は，事業を継続していくうえでかかる費用です。具体的には，小売店であれば，売るものを仕入れる必要があります。製造業であれば，材料を仕入れたり，加工賃を支払う必要があります。つまり，その仕入資金が必要となります。一般的に仕入代金の支払いのほうが売上代金の回収より先行するので，回収サイトを考慮して手許キャッシュを運転資金としてプールしておく必要があります。

③ ＰＤＣＡ

計画 Plan（P）を立てました。

Plan に従って事業を実行しました（Do）。これがDです。

Cは check です。計画の遂行中にある程度のスパンで成果を測定・評価します。

その結果を数字化して分析 Analyze（A）する必要があります。具体的には，売上未達の場合，売上数が足りなかったのか，それとも，値引き等が行われ販売単価が計画よりも低くなったのか等，その原因を把握する必要があります。費用面も同じです。例えば，人件費が計画よりもかさんだ場合，パートさんの残業が多かったのか？計画よりも多くの時間が費やされた原因は何か？顧客からのクレーム処理に追われていたのか，単にダラダラ仕事をしていたのか？消耗品費が計画より多かった場合，その原因は，いつもより低価格で売られていたので，まとめ買いをしたという経済的合理性に基づくものか？それとも単なる無駄遣いだったのか？原因を究明する必要があります。

その結果，原因が判明しそれが計画自体にプラスの影響をもたらさない場合はその原因をとりのぞいていく必要があります。これが Improve（改善）です。まれに，計画自体が事実上達成不能なこともあります。それは，計画当初は予想していない事象が発生した場合です。具体的には，コンビニ経営していたが，近隣に新しいコンビニがOPENしたため売上が激減した，輸出商社を営んでいるが，急激な円高でドル建ての売上を円換算すると売上が激減した，などで，根本的に計画の前提条件からの見直しが必要になります。

最後に Improve（改善）されたかどうかを継続的に Control（管理）していく必要があります。

ＰＤＣＡは言うは易く，行うは難しなので，事業計画作成に精通した専門家に見てもらうのが得策であり，そこから少しずつ自分のものにしていく必要があると思います。

成　長　期

　成長期にある段階では，事業構造＝会社の中身が，がらっと変化するときがあります。具体的には，自力的成長と他力的成長があります。自力的成長は，こつこつと今まで行ってきた事業内容，事業スタイルを続けていきながら少しずつ成長していくことです。爆発的な成長はなかなか難しいですが，こつこつと積み上げていく感じです。野球で例えるとヒットを積み上げていくイメージです。

　逆に，他力的成長はM＆A，株式の取得，合併，事業譲渡等，既存の事業を承継して一気に成長を図るものです。一気に成長を図ることが可能性が高い反面，組織風土や企業文化の違いによって，1＋1＝2ないし3を目指したが，1＋1＝1.5もしくは，1＋1＝1最悪の場合，1＋1＝0となる可能性もあります。野球で例えると一発ホームランを狙っていくイメージです。

(1)　自力的成長

　自力的成長は，こつこついくスタイルですが，工場を拡張したり，新しい機械を導入したり，新たに人手を雇ったりと事業構造の変化が生じます。こういった事業構造の変化を事業計画にも反映させる必要があります。具体的には以下のとおりです。

①　工場拡張

　工場拡張の資金を自己資金で賄うか？借入れるか，利息はいくらか？担保はあるか？保証は必要か？など資金計画の作成が必要になります。工場拡張となると，大抵，固定資産の取得にあたるため，取得価額と耐用年数に基づき，減価償却費の償却スケジュールや（固定資産に保険をかけるとなると）保険料の見積もりが必要となります。加えて，今後メンテナンスや修繕といったアフターコストも見積もっておく必要があります。

② 新しい機械の導入

　新工場の建設といった大規模な設備投資ではなく，機械の入替といった設備投資です。老朽化した設備だと生産効率が悪いため，生産効率の向上を目指し，新しい機械を導入しようとします。①同様，資金調達について機械を自己資金で賄うか，借入れ等するか，はたまたリース契約にするという選択肢が出てきます。リースだとまとまった資金流出を防げますが，割賦払で固定資産を使用させてもらうのと同様ですので，長い目で見ると支払額に含まれる利息が負担となる場合があります。一般的に所有権移転外リースの場合が多く，所有権が貸し手側に留保されている点留意が必要です。事業計画上，一括自己資金購入，借入購入，リース契約で資金繰りが異なります。また，減価償却費となるか支払リース料となるかで費用の金額や実際にキャッシュアウトを伴わない費用なのか，キャッシュアウトを伴う費用なのかが異なります。つまり，固定資産取得のための資金調達の方法が異なると事業計画への数値の反映方法が異なることになります。

③ 新しい人材の雇用

　事業が成功して成長を続けているためには，既存の人材の残業や休日出勤ではたりず，新たなマンパワーが必要となります。新しい人材を雇用するには，まず人材紹介会社や求人広告をするため，その費用を事業計画に織り込む必要があります。正式に採用となると給与はもちろん，法定福利費，福利厚生費，社会保険の費用を考慮する必要があります。退職金制度があれば，退職給付引当金の積立も必要です。またユニフォームや作業着といった労働に付随する雑経費を織り込む必要があります。

　このように自力成長でも事業計画に織り込む要素はいろいろと出てきます。

(2) 他力的成長

　他力的成長は，M&A，株式の取得，合併，事業譲渡等，どれをとっても既存の事業を取得するものです。その支払対価はキャッシュであったり，自社の

株式であったりと多様化しています。

　取得の対象となる事業は，時価のないものです。つまり，いくらが対価として適切かどうかを検討する必要があります。具体的には，専門家に依頼し，貸借対照表の資産に焦げ付いた債権はないか？架空資産はないか？計上漏れはないか？，負債に関しては簿外の借入れはないか？簿外の買掛や未払金はないか？退職金制度があれば退職給付引当金を計上しているか？など，顧問税理士が税務申告を行う際の業務と大きく異なる観点から実施される財務デュー・ディリジェンスを取得しようと考えている事業もしくは会社に対して実施する必要があります。財務デュー・ディリジェンスでは貸借対照表だけではなく，損益計算書について，正常収益力の把握が行われます。簡単にいうと，本業に専念して特殊・異常な事象がなければ，毎期どのくらいの利益を平均的に計上することができるのか？を調査します。会社によっては，営業利益を良く見せようとして，本来，売上原価や販売費及び一般管理費として計上すべき項目を営業外費用や特別損失に計上している可能性もあるからです。正常収益力を出すことで，取得しようとしている事業の価値を測定することができます。一般にディスカウント・キャッシュ・フロー法（DCF法）といわれる方法です。

　具体的には，正常収益力を割引現在価値で割り引いた金額の合計が事業価値となります。

　事業を取得する場合，取得資金をキャッシュで賄う場合，事業計画に織り込む必要があります。

　また，事業を取得したことで，既存の自己の事業に，取得してきた事業の売上や費用をプラスしていく必要があります。単純に足し算をするのではなく，売上はシナジー効果の発現で1＋1＝2ではなく，1＋1＝3となる分野や製品，商品があるかもしれません。逆に，費用が削減できる場合もあります。例えば，同じ地区に営業所が重複している場合，統合することで，賃借料や光熱費を削減することが可能です。また，間接部門等が重複する場合，管理部門の合理化を図ることで，コストが削減される場合があります。

　このようにM＆Aのような他力的成長を事業計画に織り込む際には，単純合

算ではなく，シナジー効果による売上の増加，重複コストの発見と統合によるコスト削減，これらを織り込む必要があります。逆に，人員増加により事業所移転といったコスト増のパターンもある点も併せて留意が必要です。

行き詰まり

❶　事業計画の必要性

　会社経営が行き詰まったときこそ会社の事業計画作成の必要性，重要性が増すといってもよいでしょう。事業計画は経営者，投資家，金融機関，取引先，従業員などの利害関係者が利用しますが，経営不振であるほど会社の事業計画に重大な関心を示します。

　会社の経営がうまくいっていないとき，投資家は会社が倒産して自分の投資財産が棄損しないか心配するでしょうし，経営陣を刷新することを考え出すかもしれません。金融機関は今後取引を継続していくかどうか資金の引き上げが必要ではないか検討するでしょう。取引先も不振企業から売掛金を回収できるかどうか，今後も取引を継続してよいものかどうかを懸念するでしょうし，従業員はこの会社で働いていてもこの先給料が支払われるのか不安を抱くでしょう。

　経営者はこれらの各利害関係者に対して，経営不振の原因を追及して改善し，今後の事業の見通しを示さなければならない責任を負います。

❷　事業計画の信頼性

　事業不振に陥った会社でも事業計画が作成されている場合はあるでしょうし，ない場合でも経営者は各期の利益獲得の見込みを利害関係者に報告していることが考えられます。最初から事業の不振を計画する会社はあまりないでしょうから，一定の利益が出る見込みがあったはずです。その計画または利益見込が何年も継続して未達成で会社は行き詰まってしまったとします。来期の事業計

画を示して利害関係者に，「今度こそこの計画を達成する！」と説明をしてもなかなかその計画を信頼してもらうことは難しいでしょう。

そのような場合，会社が窮境に陥ってしまった原因を過去を振り返って把握し，各利害関係者に対して説明するとともに，窮境の原因を除去できる対策を盛り込んだ事業計画を提示することが求められるのです。

❸ 窮境原因の把握
(1) 窮境原因の把握とは

窮境の状況とは会社が事業の継続に行き詰まった状況を指し，窮境の原因とは「経営不振」，「過大投資」，「取引先の倒産」など会社が窮境の状況に陥った原因をいいます。

会社経営が窮境に陥った場合，経営者には過去を振り返ってみてあの時から経営環境が厳しくなったとか，あの頃から売上が低迷していったというような感覚的なものが漫然とあり，それをどうにか改善していきたいという強い思いがあると思います。

このような場合は，窮境の原因を一定の手法で分析して理解し，改善策を形（事業再生計画等）にしていくことが重要です。それでは，窮境の原因の把握の方法について説明していきます。

(2) 過去の財務情報の推移

過去の財務諸表（B／S，P／L）を10年程度用意し横に並べて業績推移を見ていきましょう。過去の業績推移を見れば，売上がいつから減少傾向にあるのか，過剰在庫，滞留債権はいつ頃から発生しているのかなど問題点の所在や，その問題点の窮境状況への影響を把握することができます。

もっとも財務情報の推移だけを見ていては業績の低迷の理由を明確にし，経営上の課題を明らかにしていくことは困難です。財務情報の推移で発見された問題点の要因を内部環境要因，外部環境要因に分けて分析をしていきます。

(3) 外部環境の把握

以下の切り口から外部環境を分析します。分析結果のうち自社の経営不振の原因や経営課題に関連すると思われる外部環境の大きな動きを把握します。また，自社の所属する業界，市場，顧客を十分に理解し，将来におけるビジネスチャンス（機会），ビジネスリスク（脅威）を認識するための判断材料とします。

図表4-1　外部環境の把握

	機　会	脅　威
・国際，国内情勢及び景気動向	拡大	縮小
・政治，経済，社会	安定的	不安定
・消費動向	改善	悪化
・法規制	規制強化緩和	規制強化
・業界・地域の動向	拡大	縮小
・競合先の動向	市場から撤退	新規参入
・顧客動向	購買力増加	購買力低下

(4) 内部環境の把握

窮境の原因は自社の弱みが顕在化しているか，強みを生かせていない状況にあると考えられます。会社の内部環境について以下の視点を切り口として強み弱みを分析していきます。

なお，強み，弱み分析は自社の競合先との比較によって行うことが肝要ですので併せて競合他社の経営状況などの分析を行っていく必要があります。

図表4-2　内部環境の把握

	強み（例）	弱み（例）
・製商品サービス ・ビジネスモデル ・人材，組織 ・資金力	・商品が高付加価値であり代替がきかない。 ・革新的で模倣ができない ・社長の経営能力が高い ・有能な職員の存在 ・自己資金が豊富，担保となる資産を保有	・商品は一般的で代替性があり模倣できる ・ブランド力がない ・ワンマン経営で組織的でない ・自己資本が乏しく資金調達が困難

(5) SWOT分析

　SWOT分析を使って，上記で検討した4つの要素（機会，脅威，強み，弱み）をマトリクスにして自社の現状分析を行っていきます。自社の窮境原因が以下の現状分析の内容のいずれかに該当しているのではないでしょうか。

　以前，筆者が再生に関与したある会社は，社歴が長く多くの顧客情報を保有しており，顧客もその会社のサービスの良さを理解しているという内部環境における強みがありました。また，市況がよく得意先の購買意欲が増しているという外部環境における機会がある状況下にありました。しかし，新規事業には意欲的に投資を行っていく一方，既存顧客に対しては積極的な提案営業を行わず注文を待っているだけの御用聞き的な営業を行っていました。その結果，新規事業はうまくいかず既存の事業も低調に推移し事業継続に行き詰まってしまいました。これは機会において強みを生かしきれなかった例です。

　機会に際して自社の強みを生かしていない，強みで脅威を回避できていないという現状分析ができることで，会社の事業の方向性を切り替えることができますし，弱みを克服し，逆に弱みを生かすような事業戦略に切り替えられる可能性も増します。SWOT分析は現状分析と計画分析の双方を比較して行うとより効果的です。SWOTの計画分析は，将来見込んでいる会社の戦略についてSWOT分析を実施していくものです。

　事業計画には分析・検討された会社の事業の方向性や戦略の見直しの影響を反映させていくことになります。

図表4-3　SWOT分析

	機会		脅威	
	現状分析	計画分析	現状分析	計画分析
強み	機会があるのに強みを生かせていない	機会で強みを生かす	強みで脅威を回避できていない	強みで脅威を回避する
弱み	弱みで機会を失っている	機会喪失を最小化する	弱みで脅威が増大している	ビジネスモデルの転換で弱みを強みに変える

戦略変更

❹ 事業再生計画の策定方法
(1) 事業の再生とは
　窮境原因を把握し，その原因を除去する方向性が決まればこれを具体的に数値化していきます。

　行き詰まりの会社のＰ／Ｌは「売上＜費用」の状態になっていることが一般的であり，これを「売上＞費用」の状態に変えてＰ／Ｌを生まれ変わらせる対策が必要となります。「売上＞費用」の状況を作り出すには，①売上を増加させる，②費用を削減する，の二つの方法しかないことは明らかです。

(2) 売上増加への取り組み
　具体的に事業再生計画を作る場合の売上計画の見直し方法を見ていきましょう。

　事業計画作成において売上高の確定が最も重要であるという話をしましたが，再生計画においても同様です。売上高をどのレベルに設定するか，損益分岐点分析など他の分析結果も加味したうえで決定していきます。

　売上増加への取り組みのためには，まず，売上高の構造分析を行い，構成要素ごとに売上増減の要因を把握して改善の切り口を見出します。

　売上の増減の要因については単価要因，数量要因に分解できます。そして数量の増減は，顧客数の増減と顧客１人当たりの購買回数の増減に分解でき，顧客数はさらに既存顧客数，新規顧客数に分解できます。売上高の増加には売上を構成する各要素の改善を行うことが必要ですが，構成要素ごとにその対策が異なります。例えば売上高の低迷の要因が既存顧客の流出と新規顧客獲得数の低迷ではその対応策は明らかに違ってくることになるでしょう。売上の構造分析ができれば，その構成要素ごとに問題点を把握して改善対策を明確にできるため売上増加への取り組みが効果的に行える可能性が高まります。

　なお，販売量の引き上げについては企業努力で改善の余地が多いと思われますが，販売単価の改善は中小企業が自ら価格設定を行うには，当該企業がニッチな市場で活動を行っていて競合先が少ないなど特定の状況に限られるように

思います。しかし,「顧客は自社の商品,サービスをなぜ購入するのか」という視点から商品やサービスを見直し,品質の改善や新商品の開発,商品を投入する市場や顧客層を変えるなど常に単価を引き上げる方法がないかを考えていく必要があります。販売数量拡大のため安易に価格を下げるということは売上の拡大につながらない可能性があります。

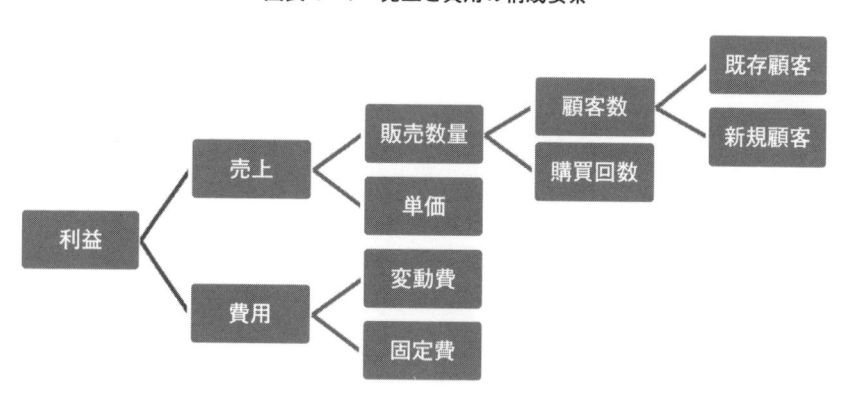

図表4-4　売上と費用の構成要素

利益
├─ 売上 ─┬─ 販売数量 ─┬─ 顧客数 ─┬─ 既存顧客
│   │   │   └─ 新規顧客
│   │   └─ 購買回数
│   └─ 単価
└─ 費用 ─┬─ 変動費
         └─ 固定費

(3) リストラクチャリングによる費用削減

事業再生計画における費用計画の策定について説明します。

費用についても売上と同様にその構造を把握していきます。まず,売上高に対する原価率,販売管理率,人件費率など会社の主要な費用項目の売上高に対する割合を把握します。

公的機関などから一般的な中小企業の財務比率が業種別に公開されており,それら企業の財務数値と自社の財務数値を比較することで,どの項目の削減が必要かという自社の問題点の把握につながります。

とはいっても,安易なリストラは企業価値の破壊につながりますので本来削減すべきでない費用をもカットしていくようでは,逆に企業の再生を阻害する要因ともなります。特に人員の削減は企業に対する従業員の忠誠心を喪失させ,

残った従業員に対しても負のモチベーションを与えることになるため最終的なコスト削減の手段であると認識すべきです。

一方で，長年見直されていない，地代家賃，外注費，物流費用の削減は，取引先との価格交渉や業務の見直しなどで比較的容易に取り組み安く一般的にも費用削減の余地があることが多いと思われます。これらの費用がどのように売上獲得に貢献しているか費用対効果を見極めてコスト削減を進めていく対応が必要です。

また，会社の費用構造の把握のため，損益分岐点分析を行うことが考えられます。

損益分岐点分析はどの程度の売上を確保できれば売上が費用を上回るのかを分析する管理会計上の手法です。総費用を変動費と固定費に分解して，固定費は売上高に関わらず一定額が発生し，変動費は売上高の増加に応じて発生すると考えた時，**図表4-5**のように売上高が総費用を上回る点を損益分岐点売上高といいます。この損益分岐点売上高が低いほど景気変動に強い柔軟な費用構造の会社であるということがいえます。売上高が一定と仮定すると，損益分岐点売上高を引き下げるには固定費を減らすか，変動費率を引き下げるかの二つしか方法がないことが分かります。

売上計画で確定した売上高が損益分岐点売上高を超えない会社は，費用が過大に膨れ上がってしまい，事業を継続していくことが困難な状態といえます。損益分岐点分析は，どのようなレベルで変動費・固定費を削減するか，また，費用の削減が困難な場合はどのレベルで売上高の上乗せが必要になるかという目安を明らかにしてくれる点で，事業再生計画作成における利用価値が非常に高い分析方法であるといえます。

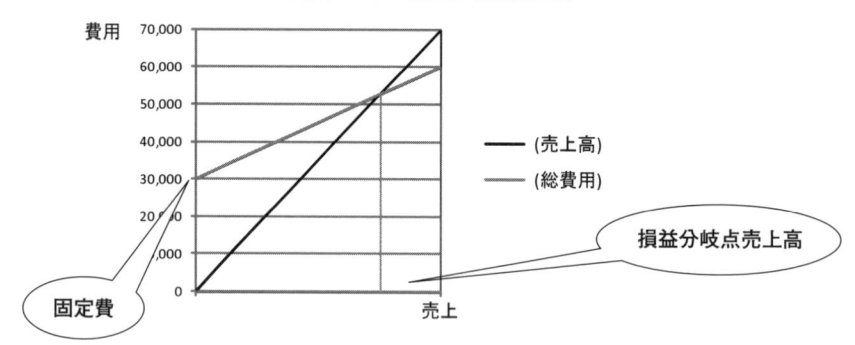

図表4-5　損益分岐点売上高

（縦軸）費用　70,000 / 60,000 / 50,000 / 40,000 / 30,000 / 20,000 / 10,000 / 0
（横軸）売上

― （売上高）
― （総費用）

固定費
損益分岐点売上高

事業の承継

❶ 事業承継者の選択

　事業を承継する最適任者（後継者）の選択は経営者にとって重要な課題です。事業の承継者を選択するにあたって特に大切なことは，その事業の価値を維持しかつ高める能力を持つ人材を選択することにあります。そして事業計画の観点からは，選択された後継者に円満に事業を承継するための準備を計画的に行うことにより，事業承継の環境を整備することにあります。

　事業承継の環境整備の方法は，事業承継者のタイプによって異なります。承継者のタイプを以下の三つのタイプに区分して，それぞれどのような準備が必要か考えます。

　1．親族内承継
　2．親族以外の役員，従業員への承継
　3．第三者への承継

❷ 親族内承継

(1) 資産の承継

経営者の親族への承継の場合，まず相続に関する法律上・税務上の問題について検討する必要が生じます。

事業承継はあくまでも事業の承継であり，資産の移転とは異なります。しかし対象となる事業がオーナー系の企業である場合には株式＝支配権の承継が必要です。また，現経営者の私的所有資産が事業の用に供されている場合には，それら資産の利用権を確保する必要があります。

図表 4-6　自社株式と事業用資産

自社株式	⟶	支配権の確保
事業用資産	⟶	利用権の確保

① 株式分散

支配権確保にあたり，株式の所有が分散した状態が最も好ましくない状況です。できれば，事業承継計画の第1段階としてこの点について対応していく必要があります。検討すべき事項としては

1．株式の買取
　　どこに集中させるか，個人，持株会，持株会社
　　資金調達方法
2．株式の譲渡制限
3．種類株の利用
　　取得制限
　　議決権制限

② 事業用資産の所有形態の把握

事業用資産の利用権確保のためには，現在の所有者を正確に認識し，将来どのように事業としての利用権を確保していくかの方針を定めておく必要があり

ます。また，所有権の移転を伴う場合には，移転手続き，価額なども計画策定には必要な情報です。

(2) 資産承継手段

資産承継の手段としては次のような方法が考えられます。
1. 売買
2. 生前贈与
3. 遺贈
4. 遺産分割

1．2．は生前，3．4．は相続開始後に行われる方法です。またそれぞれの方法を比較すると次のような相違点があります。

図表4-7 資産承継手段

手　段	対象税目	遺留分の制約
売買	譲渡所得税，消費税等	（適正な時価売買なら）制約なし
生前贈与	贈与税	制約あり
遺贈	相続税	制約あり
遺産分割	相続税	制約あり

親族内承継の場合には上記の点を勘案して，いつ，どのような方法で事業用資産の移転を行うかを事業計画の中においても考慮する必要があります。

(3) 贈与税課税方式について

贈与税の課税方法として「暦年課税」と「相続時精算課税」のいずれかを選択することができます。

「暦年課税」とは，基礎控除額110万円を超える贈与額について贈与のあった年に贈与税を納付し，その贈与資産について相続税は課税されません。

「相続時精算課税」とは，贈与時にいったん贈与税を納付するのは暦年課税

と同様です(*1)。相続が発生した時点でその贈与資産(*2)も相続資産に含めて相続税を計算し、そこからすでに納付した贈与税額を控除した額を相続税として納付する方法です。

　　*1：通算2,500万円までの特別控除額があります。超過分については一律
　　　　20％の税率が適用されます。
　　*2：贈与時の評価額を使用します。

　両者の差は、相続時精算課税方式によれば2,500万円までは課税が繰り延べられること、評価額が年々上昇するような資産は相続時精算課税方式によるメリットが生じる可能性があることなどです。

(4) 経営承継法（中小企業における経営の承継の円滑化に関する法律）

　事業承継の計画的な取り組みを通じて、円滑な事業承継を実現することを目的として施行された法律で、次のような特例措置が講じられています。

1．遺留分に関する民法の特例制度
　　一定要件を満たす事業用資産の遺留分減殺請求対象からの除外に関する民法の特例
2．金融支援制度
　　事業用資産の買取資金、相続税等の納税資金に対する金融支援
3．贈与税の納税猶予制度
　　特定要件を満たした非上場株式の贈与税を贈与者の死亡の日まで猶予する。
4．相続税の納税猶予制度
　　特定要件を満たした非上場株式の相続税の80％を、後継者の死亡の日まで猶予する。
5．3．贈与税納税猶予制度の4．相続税納税猶予制度への切り替え

　この経営承継法で認められた特例が有利である場合には、適用の申請、場外同意等の必要手続きを計画に織り込んでいくことになります。

❸ 役員・従業員による承継

親族以外の役員，従業員への事業承継を行う場合に最初に検討しなければならないのは所有と経営を分離するか，一致させるかという点です。これにより，承継計画の内容が大きく異なってくるからです。

① 所有と経営を分離する

現在の所有者が所有を継続するのであれば支配権の移転等は生じませんが，新たな所有者に移転する場合には株式の売却のほか，事業譲渡や会社分割といった組織再編成を伴うケースも想定されます。この場合には移転する事業の範囲，資産の所有権移転手続き，債務の保全関係及び，業種によっては許認可取得手続き等が事業計画に影響する可能性があります。また，持ち株会社を設置する組織形態も想定されます。

取引先，金融機関，従業員，監督官庁との関係を含めた円滑な承継が行われるような準備が必要です。持ち株会社設置の場合には自社株式の承継プランも必要です。

② 所有と経営を一致させる

新しい経営者となる役員あるいは従業員が所有者となるためには，支配権，事業用資産利用権の確保という作業が必要になります。典型的な手法としてはマネジメント・バイアウト（ＭＢＯ）等による株式譲渡の方法によります。

株式譲渡の範囲・タイミング，価額，資金調達について長期計画の中で準備が必要です。先ほどの経営承継法では，ＭＢＯに対する金融支援も含まれており，これらも含めて検討のうえ計画に反映していくことになります。

❹ 第三者への売却

親族あるいは役員・従業員の中に事業承継の適任者が存在しない場合には，第三者へ事業を売却することによって事業を承継する方法が選択されることになります。具体的には次のような方法があります。

1．株式の譲渡
2．事業譲渡
3．株式交換
4．吸収合併
5．会社分割

基本的にはすべて譲渡という考え方になりますが，税務上の取扱い，法律上の権利移転について若干の差異があります。

図表4-8　第三者への事業売却

売却方法	税務上の取扱い	資　金	権利の承継
株式譲渡	売買，譲渡所得課税	必要	事業上の権利関係は不変
事業譲渡	売買，譲渡所得・消費税課税	必要	個別に移転手続きが必要
株式交換	売買，税制適格の場合は非課税	不要(*1)	事業上の権利関係は不変
吸収合併	売買，税制適格の場合は非課税	不要(*1)	包括的に承継
会社分割	売買，税制適格の場合は非課税	不要(*1)	包括的に承継

(*1) 一部金銭の支払いを伴うケースもある。

　第三者への売却による場合には，新しい承継者によりそれぞれの事業の観点から事業計画が編成されることになります。

会社の価値を把握する

❶　会社の価値の算定とは

　事業計画を作成するメリットの一つとして，作成した計画を使って自社の価値を把握することができるという点があります。価値というのは今この会社を売ったらいくらになるのかという会社の値段です。

値段を計算できたとしても「その値段で買う人がいるのか？」「本当にその値段で売れるのか？」と疑問に思われるかもしれません。もちろん，会社の売り買いにはいろいろな制約が伴いますから実際の売買の価格は計算したものと異なることがありますし，高い値段が算定されてもその会社の事業が現在の株主がいるから成り立っているような特殊な場合は，会社の売買自体が成立しないでしょう。

しかし，会社の値段を把握することは自分の会社の評価を客観的に見る目安となりますし，実際に会社を売買するうえで相手が提示した価格で売買を行うかどうか意思決定するにあたっての一つの参考資料となります。

また，企業価値の算定方法を理解していれば，どのように事業計画を描き（あくまで実現可能な計画ですが），その計画に向かってどのような行動をとればよいかの方向性が明らかになります。近年では我が国でもその重要性を認識されてきましたが，欧米では多くの経営者は企業価値の算定方法を理解しており，企業価値を意識し企業価値を増大させるように会社を経営しています。このように自ら作成した計画を前提とした会社の価値がどの程度になるかを把握することは会社の企業価値を意識した事業計画の作成につながるため非常に有益です。

❷　DCF法による企業価値算定

①　企業価値とは

まず，企業価値について説明します。企業価値とは企業の事業の価値と企業が行う事業に利用されない余剰資産（余剰現金等）を足したものをいいます。財務諸表の形を使って説明すると以下のようになります。企業価値のすべてが企業の所有者である株主に帰属するわけではなく，借入金等の負債は金融機関等へ返済しなければなりません。企業価値から借入金等の負債を控除した金額が株主の持分（株主価値）となります。株式の売買において株式価値の評価が行われることがありますが，通常は下記の株主価値を評価しています。

図表 4-9　企業価値の構成要素

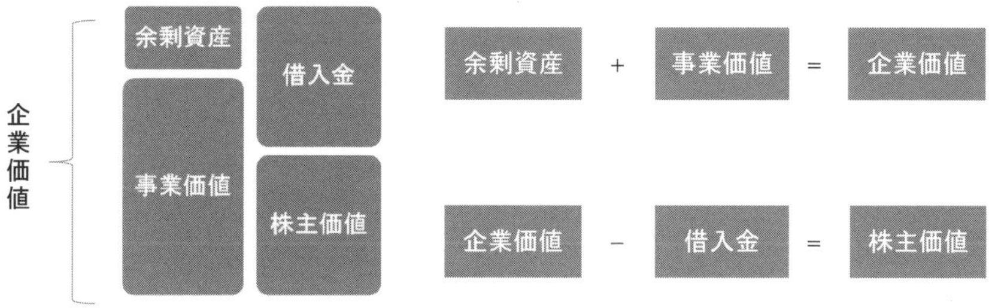

②　ＤＣＦ法とは

ＤＣＦ法とは企業が獲得する将来のフリー・キャッシュ・フロー（以下「ＦＣＦ」といいます）を事業価値の源泉として考え，ＦＣＦを一定の割引率（ｒ）で割り引いた現在価値を事業価値とする方法です。各期のＦＣＦは事業計画に基づき計算します。ターミナルバリュー（以下「ＴＶ」といいます）は計画期間最終年度時点での会社の価値であり，一般に計画策定期間以降に発生すると想定されるＦＣＦを一定の割引率で除して算定します。各期のＦＣＦとＴＶを現在価値に割り引いた金額の合計が事業価値となります。

図表 4-10　ＤＣＦ法による事業価値

$$\text{事業価値} = \frac{FCF}{(1+r)} + \cdots\cdots + \frac{FCF}{(1+r)^n} + \frac{TV}{(1+r)^n}$$

③　ＦＣＦの算定方法

具体的な計算方法は以下のとおりです。各期のＦＣＦは，作成した５カ年の事業計画から計算することができます。ＴＶはいろいろな求め方がありますが，簡便的な計算方法として５年目のＦＣＦが継続的に続くものと仮定して，ＴＶ＝ＦＣＦ（５年目）／ｒで計算する方法を採用することが考えられます。

図表4-11　FCFの算定

FCF ＝ 税引後営業利益 ＋ 減価償却費 ＋ 運転資本の増減 － 設備投資

④ 割引率の算定方法

割引率は通常ＣＡＰＭと呼ばれる手法により計算された資本コストと有利子負債の利子率の加重平均（以下「ＷＡＣＣ」といいます）で求めます。Ｅは株主資本の時価，Ｄは有利子負債の時価です。

図表4-12　割引率（WACC）の算定

WACC ＝ 資本コスト × E/D+E ＋ 利子率 × D/D+E

資本コストは下記のＣＡＰＭと呼ばれる手法で計算されます。私見ですが，ＣＡＰＭでの一般的な計算方法の場合，リスク・フリーレートは10年国債の利回りの数値を財務省のホームページより入手し，ベータ値は同業種の上場類似会社のベータ値をブルームバーグのホームページより入手し，類似会社の資本構成に基づく補正をしたうえで平均値や中間値を計算して利用することが多いと思われます。リスク・プレミアムや規模プレミアムは，投資家が国債などの安定的な資産にかえて企業に投資するリスクの代償として要求する上乗せ利益といえるもので，数値はマーケットデータを取り扱う専門の会社から購入して利用します。私見ですが，リスク・プレミアムは概ね4～6％程度とし，中小企業であれば規模プレミアムは2％以上を見込んだ方がよいと思います。

図表4-13　資本コストの算定

資本コスト ＝ リスク・フリー・レート ＋ リスク・プレミアム × ベータ値 ＋ 規模プレミアム

❸ 時価純資産法による企業価値算定

① 時価純資産法とは

時価純資産法とは株主価値を企業の時価純資産から算定するものです。ＤＣＦ法と違い将来の見積もりを伴わないため客観性に優れていますが，成長性の高い企業を時価純資産で評価すると，その将来的な収益性の高さが評価に織り込まれないため株主価値を過小評価してしまう可能性があります。時価純資産法は貸借対照表の純資産額をそのまま利用するのではなく，資産のうち時価で評価することができるものは簿価ではなく時価に修正をし，簿外の負債があればそれを取り込んだ後の純資産を使います。

② 各種資産の時価の算定方法

主な資産の時価の算定方法は下記のとおりです。固定資産税評価額は評価額を0.7で割戻した金額を利用します。

図表4-14 主な資産の時価の算定方法

科　目	評価方法
売掛金	回収不能な債権はゼロ評価
棚卸資産	陳腐化した不良在庫はゼロ評価
土地	鑑定評価額，固定資産税評価額
投資有価証券	時価のないものは純資産額
その他資産	回収可能額で評価

❹ 類似会社比較法による企業価値算定

① 類似会社比較法とは

類似会社比較法とは，上場会社の企業価値や株主価値を利用して乗数（その企業の時価が特定の指標の何倍になっているかを表す数）を算定し当該乗数を評価対象企業の特定の指標に乗じて事業価値や企業価値を計算する方法です。

乗数には，ＥＢＩＴＤＡ（営業利益＋減価償却費）倍率，ＰＥＲ（純利益倍

率），ＰＢＲ（純資産倍率）などがあります。下記のとおり，ＥＢＩＴＤＡ倍率は事業価値をＥＢＩＴＤＡで除した乗数，ＰＥＲ，ＰＢＲは株主価値をそれぞれ純利益，純資産で除した乗数です。評価対象会社の指標に対して乗数を掛けた場合，ＥＢＩＴＤＡ倍率では評価対象会社の事業価値が算定され，ＰＥＲとＰＢＲでは株主価値が算定されますのでこの違いに注意が必要です。

図表4-15　類似会社比較法で用いる乗数

EBITDA倍率	＝	事業価値	÷	EBITDA
PER	＝	株主価値	÷	純利益
PBR	＝	株主価値	÷	純資産

②　会社四季報を使った簡単な企業価値の算定方法

　会社四季報には，様々な上場企業の投資情報や財務情報が掲載されていますが，そのうち会社のＰＥＲ（予想，実績），ＰＢＲという数値を利用して評価対象会社の価値が計算できます。実績ＰＥＲは直近の純利益の実績に対する時価の倍率で，予想ＰＥＲは予想純利益に対する時価の倍率を意味します。

　まず，会社四季報から自社と業種，事業内容，成長率，安定性などの点で類似するベンチマークとなる上場企業を選定します。自社と類似性の高い企業であれば5～6社程度の選定でも十分ですが，中小規模の会社の評価においては，なかなか類似性の高い上場会社は見出しにくいと思いますので，より多くの会社を選定しましょう。

　ＰＥＲ，ＰＢＲの数値の平均値や中間値を求め乗数とし，自社の直近実績の純利益，純資産に乗数を乗じることで自社の株主価値が計算されます。

　また，予想ＰＥＲを利用する場合も同様に乗数を求めますが，この乗数は自

社の事業計画上の予想純利益に乗じることが必要です。企業価値評価においては予想乗数を使った計算のほうが将来の成長性などを織り込めるためより理論的な計算方法といわれています。

　次にEBITDA倍率での計算方法を説明します。EBITDA倍率は事業価値をEBITDAで除して計算されるものですが，会社四季報の情報では企業の事業価値は掲載されていませんので掲載されている情報から事業価値を計算します。類似会社を選定し，四季報に掲載されている類似会社の時価総額（＝株主価値と考えてください）に有利子負債を加えることで事業価値を求めます。本来，事業価値を算定するには余剰資産の時価を考慮する必要がありますが，余剰資産はあっても計算に与える影響は軽微と考えて事業価値＝株主価値＋有利子負債と考えます。

　これで事業価値が算定されました。DBITDAは直近の営業利益と減価償却費の実績が掲載されていますので二つを足し合わせて計算します。以上から（株式時価総額＋有利子負債）／（営業利益＋減価償却費）という計算で簡便的にEBITDA倍率が計算できました。同じようにいくつか類似企業を選定して各社のEBITDA倍率を計算し，その平均値や中間値で乗数を求め，対象会社のEBITDAに当該乗数を乗じて事業価値を算定します。そして，計算した事業価値から会社の持つ借入金を除き，余剰資産の時価を加えると株主価値が算定できます。

　なお，会社四季報では予想営業利益に加え予想減価償却費を掲載している企業があるため，予想EBITDA乗数で株主価値を算定することが可能な場合がありますので利用してみてください。類似会社比較法はベンチマークとなる会社の実績が赤字の場合は乗数が算定できませんので，どうしても業績予想の数値で計算せざるをえない場合が出てきます。

金融機関から見たポイント

　金融機関へ事業計画を提出するケースは，事業計画策定の都度金融機関に対して説明する企業もあるとは思われますが，一般的には新規の資金需要を金融機関からの借入れにより調達しようとするケースと考えられます。また，信用不安に陥った場合あるいは実際に返済猶予等の申し込みをするといったケースも想定されます。

　いずれのケースにせよ，金融機関が取引を実行する際の基本的な考え方として，取引の安全性，公共性，収益性について検討されます。

- **安全性**
　回収が確実に行われることが当然必要です。そのため以下の点について検討します。
　　・資金使途の検討（資金需要の原因）
　　・返済能力の検討
　　・債権の保全，担保・保証についての検討
- **公共性**
　コンプライアンスの確認，社会性・公共性の検討
- **収益性**
　金融機関にとってのメリットの問題です。

❶ 企業全般に関する事項について

　取引を実行しようとする場合，各個別案件の内容を検討する以前に，対象となる企業の実態と体質についての全般的な評価が前提となります。すでに取引のある金融機関が，自分の会社の実態と体質をどのように評価しているかを認識しておくことも必要です。それによって新規案件に対する取り組み方も変わってくるからです。

　企業の実態については，毎期の決算書に基づく財務分析結果などの財務データにより把握されます。財務的なデータ以外に以下のような視点で企業体質を

把握します。

図表4-16 企業体質把握のための視点

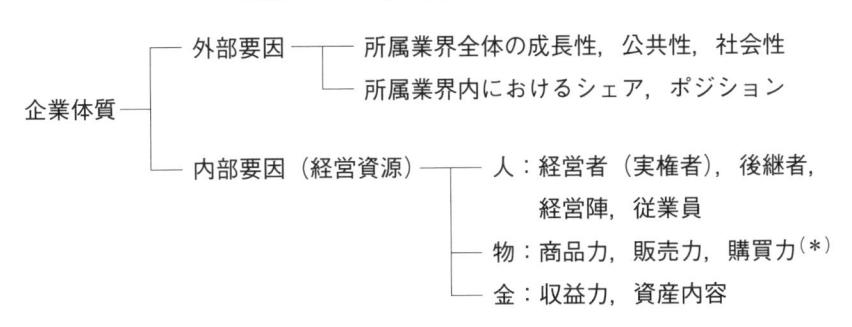

```
企業体質 ─┬─ 外部要因 ─┬─ 所属業界全体の成長性，公共性，社会性
         │           └─ 所属業界内におけるシェア，ポジション
         └─ 内部要因（経営資源）─┬─ 人：経営者（実権者），後継者，
                                │       経営陣，従業員
                                ├─ 物：商品力，販売力，購買力(*)
                                └─ 金：収益力，資産内容
```

経営計画に反映される事項と関連する部分としては物，金の部分になります。

(*) 物	商品	競争力，市場占有率，成長性，品目数等
	生産	技術開発力，稼働率，更新履歴等
	購買	安定性，系列化，購買条件等
	販売	販売ルート，主要取引先の状況，販売条件等

❷ 各個別案件の検討事項

企業全体の実態，体質が把握されると，各個別の事案や計画について次のような事項について検討が行われます。
1．要資事由の検討：資金が必要となる原因についての検討
2．調達計画の検討：必要な資金の調達がどのように行われるかについての検討
3．返済計画の検討：返済能力の判定と返済方法（条件）の検討

(1) 要資事由の検討
① 要資事由検討の目的
資金を必要とする原因を的確に把握することにより，当該資金を使用する取

引の概要が把握されます。取引の概要を把握することにより，以下のように取引内容の正当性が検証されます。
- ・資金がいくら必要か＝融資金額の検証
- ・投下資金がどの程度回収されるか＝返済原資の検証
- ・いつ，どのような条件で返済できるか＝返済方法の検証

② 要資事由の全般的な検討課題「必要性」「妥当性」

要資事由の検討課題は各個別事由により異なるところもありますが，共通事項としてその資金が本当に必要かつ妥当なものであるのかについて検討されます。具体的な検討事項は次のような事項です。
1. 資金需要原因の収益性を中心とした経済合理性があるか。
2. 法的要請に基づくものか（耐震補強，個人情報保護等）。
3. 公共的要請に基づくものか（環境保護，安全確保等）。

③ 「事由＝長期運転資金」の検討課題

1. 企業の安定性

　　企業全体の長期運転資金の場合には，個別投資案件のように個々の収益性が問題とされるわけではなく，企業の収益性が長期にわたり安定的か成長性が期待できることが課題となります。

2. 債権保全策

　　長期にわたる安全性，成長性の保証は困難を伴うため，金融機関としては保全を図ることになると考えられます，従って収益性以外の物的な担保が必要とされます。

④ 「事由＝設備投資」の検討課題

1. 設備投資目的の把握

　　設備投資の目的としては以下のような項目が想定されます。
　　　a．増産のための生産設備の拡大

b．合理化（近代化，省力化）のための投資
　　c．研究開発機能強化のための設備投資
2．a．b．の場合，投資効果の測定
　　生産設備は消耗が激しいため，通常は早期の回収が期待されます。一般的に当該投資に係る回収期間が設備等の耐用年数を超えるような計画の場合には，返済が困難と判断される可能性があります。
3．c．の場合
　　設備投資は上記②のように本来収益により返済されるべきものですが，研究開発機能への投資は完全な先行投資であり，それ自体の収益計画は立てられません。既存の収益力，技術開発能力が求められるうえ，収益以外の保全が徴求されます。

⑤　「事由＝在庫・減産資金」の検討課題
1．資金の需要原因が在庫の積み増しのための在庫資金
　　早期に販売可能な商品等への投資と考えられ，基本的には短期の資金需要と判断される。正常な営業循環を超える期間での回収計画の場合には正当な理由が求められます。
2．過剰在庫の圧縮のための減産（在庫調整）資金である場合
　　内容によっては長期化，滞留化の可能性の強い案件であり，市況回復の見通し，在庫の内容（死蔵品・緩動品の有無）や経済価値の評価が問題とされます。

⑥　「事由＝赤字資金」の検討課題
業績悪化による収支逆転の補充としての資金需要については
1．赤字原因とその改善計画
2．将来収益による回収可能性
3．収益以外の保全策
4．支援の正当性

5．公的な資金の利用可能性

等について，第三者（弁護士，公認会計士等）の意見が求められます。

(2) 資金調達方法の検討

資金調達の方法としては
1．自己資金調達
2．合理化等経営努力による調達
3．遊休資産等の処分による調達
4．借入れによる調達

経営計画の中で，どのように資金を調達する計画になっているかについて検討し，借入依存度が高い場合には返済能力について検討課題とされます。十分な収益力，資産等による保全の余地が認められない場合には，返済能力が乏しいと判定される可能性があります。

(3) 返済計画の検討

① 返済能力の判定

(2)の要資事由において，過大，あるいは不要な資金需要と判定されたものについては返済能力がないものと判断されます。

返済能力が認められた事案については，その能力に応じた返済期間が決まり，返済方法が決定されます。

② 短期運転資金

短期運転資金の場合には，原則として販売取引による回収代金からの返済が行われます。そこで，回収までの資金繰り表などによりそのような回収が可能かを判定されます。

まず本当に一時的なものかどうかに着目した検討が行われます。例えば，賞与資金を1年間で返済する，あるいは在庫資金を正常営業循環を超える期間で返済するといった計画の場合には，返済能力がないか，あるいは，他の要資事

由が隠されていると判断されてしまいます。

③ 長期資金

長期資金については収益からの内部留保による返済が行われるはずです。不動産あるいは有価証券などの売却等の営業外収入がある場合には，短期資金と同様販売代金の回収からの返済も可能ですが，このような経常外収入がないにもかかわらず短期と同様な返済計画についてはその妥当性が疑われます。

また，前述のように，機械・設備の耐用年数を超えるような返済計画についても返済能力に疑問が生じます。

収益計画に係る売上予想，原価見積もり，経費予想といった点について合理的な説明が必要です。

タックスプランニングについて

❶ タックスプランニングの必要性

(1) 利用可能利益（資金）の確保

事業計画を遂行する中で，重要なポイントの一つにキャッシュフローをいかに確保するかということが挙げられます。特に投資家への成果配分である配当原資や，事業を成長させるために必要な再投資資金を確保することは極めて重要な経営課題です。配当原資や再投資資金として利用可能な資金は事業計画上の利益ではなく，最も単純に表現すると，事業年度に稼得した資金余剰から税金を支払った残額と考えられます。つまり，税金は事業で獲得した利益や資金の利用を制限するという観点からは費用と同じ性格を持つことになります。

事業を成長させるための再投資資金として，あるいは投資家の投資意欲を促進するための配当原資として最終的に利用可能な資金を確保するためには，税金費用を事業計画の中に反映させることが必要になります。

```
1. 配当原資, 再投資資金の確保＝利用可能利益（資金）の確保
2. 利益（収益－費用）, 資金収支（収入－支出）≠利用可能利益（資金）
3. 利用可能利益（資金）＝資金収支差額－税金
4. 税金＝費用
```

(2) 税務リスクの回避

　計画された事業の内容によっては税務リスクを伴うケースがあります。これらの税務リスクを事前に認識し，そのようなリスクが実現しないように計画・管理することもタックスプランニングの目的です。

① 一般的な税務リスクの回避

- 税務上の判断ミス
- 申告書の記載誤り
- 添付書類, 届出書の提出失念, 提出時期の誤り

　これらの原因により予期しない追徴税額が発生する可能性があります。
　事業計画時点で，特定事業に特有の税務上の留意事項，あるいは必要書類の把握・提出時期の確認等を行うことにより税務リスクの回避が可能です。

② 納税義務の承継, 拡張に伴う税務リスクの回避

- 納付義務の承継：合併消滅法人の納税義務の合併存続法人への承継等
- 連帯納付責任：分割承継法人における連帯納付責任等
- 第二次納税義務：特殊関係者間における事業譲渡に伴う納税義務の拡張等

　事業計画の内容，特に組織再編成を伴う事案では上掲のように納税義務の承継，拡張により予期しない追徴税額が発生する可能性があります。事業計画の

時点で納税制度の確認を行うことにより税務リスクの回避が可能です。

❷ タックスプランニングの期間

　利用可能な資金を確保するためにタックスプランニングが必要です。ただし，各事業年度単位での税金費用を計画するのではなく，事業計画の期間を通算して税金費用の削減を図ることが大切です。つまり事業計画全体の税引後利益の累積額を最大化することがタックスプランニングの目的です。あるいは，税金累計額は同じでも，いつ（どの事業年度）で税金を払うかを計画することも検討課題となります。

❸ タックスプランニングの方法
(1) 基本的な考え方
　タックスプランニングの基本的な考え方は次のように分類できます。

- **所得の帰属主体の検討**
  グループ会社がある場合に，どの会社に所得が帰属するかを検討します。
- **所得の帰属年度の検討**
  所得が計上される年度はどの年度かを検討します。
- **所得の種類の検討**
  所得の内容によっては何らかの特典が認められる場合があります。計画段階で利用可能な特典を享受できるような事業を選択することは可能です。また，個人所得のように所得の種類により税率等が異なるときは所得の種類を検討します。

① 所得の帰属主体
　極端な例を挙げると，グループ会社の中で黒字会社に所得を計上するよりも，赤字会社に所得を計上させたほうが納付する税金は少なくなります。あるいは，海外にグループ会社がある場合には，税率格差を利用することによってトータ

ルの納付額が軽減される可能性もあります。

　ただし，その手段によっては❶の(2)で記載した税金の追徴のリスクが伴います。タックスプランニングはあくまでも税法が予定した範囲での取引に限定されます。税法の予定する範囲外での取引は単なる脱税です。

② 所得の帰属年度の検討

　最終的に納める税金の総額は同じでも，納付年度を繰り延べる制度があります。計画的にこのような制度を利用することは可能です。

　また，繰越欠損金がある場合には，どの事業年度で所得が発生するかを事業計画の中で検討することにより，所得帰属年度（発生年度）の移動が可能です。

③ 所得の種類の検討

　本書は基本的に法人事業者を対象としているので，法人税務上の特典を検討します。

(2) 法人税のタックスプランニング

　タックスプランニングの基本的な考え方に示した方法を具体的に適用する制度として，法人税法において以下のような制度が運用されています。

① 少額資産（中小企業者等）

> 青色申告書を提出する中小企業者は，通常の10万円未満の少額資産を損金経理できるほか，300万円を限度として取得価額30万円未満の資産についても損金経理（即時償却）することが認められます。

　本来資産計上すべきものですが，特典を利用することにより所得の種類（内容）を変更することになります。

② 特別償却

「中小企業者等が機械等を取得した場合」などの特別償却制度が租税特別措置法上で認められています。

> 特定の減価償却資産を取得し，事業の用に供した時において，次の金額を限度に特別に償却できる。
>
> 取得価額等×一定割合＝特別償却限度額

③ 割増償却

「障害者を雇用する場合の機械等」など8種類の割増償却制度．

> 特定の減価償却資産を取得し，事業の用に供した時以後一定の期間内において，次の金額を限度に割増しして償却できる。
>
> 普通償却限度額×一定割合＝割増償却限度額

④ 税額控除

> 試験研究費あるいは設備投資の一定割合の金額について，税額から控除することが認められています。

①，②，③，④の各制度については思索的な見地から認められた税務上の特典です。これらの特典を利用することにより利用可能な利益（資金）を調整することが可能です。

⑤ 圧縮記帳

> 資産の譲渡対価あるいは補助金収入などが益金となるのに対して，その益金に見合う金額を取得資産の取得価額から控除（取得価額の圧縮）するとともに損金算入することにより，その事業年度の課税所得とはしない。

課税時期を繰り延べることにより，所得の帰属年度を移動することが可能です。

⑥ 繰越欠損金

> 青色申告書を提出した事業年度に生じた欠損金は7年間（平成20年4月1日以降開始事業年度に生じた欠損金については9年間）繰り越し，繰り越された事業年度に損金として算入することができます。

所得の帰属年度が変更されます。

⑦ グループ会社
a．清算損失
　債務超過の状況にある子会社等を清算した場合，清算損失を親会社の経営責任として負担せざるをえない場合があります。
　所得の帰属先が移転したことにもなります。
　税務リスクとして，清算損失の負担の内容，性格によっては寄付金として損金性を否定される可能性があります。
b．欠損金
　グループ法人税制の対象となるグループ内の子会社（原則として100％保有）を清算した場合，その会社の保有する繰越欠損金を親会社が引き継ぐことが可能なケースがあります（支配期間要件等の条件があります）。
　所得の帰属主体，帰属年度が変更されます。
　なお，平成25年税制改正では，①～⑤の他に，
　　・国内生産設備への投資に対する特別償却又は税額控除
　　・雇用者給与等支給額の増加額の一定割合の税額控除
　　・商業，サービス業及び農林水産業を営む中小企業等の経営改善投資に対する特別償却又は税額控除
などの新しい措置が創設されています。

❹ 【例　　示】

事業年度	X	X+1	X+2	X+3	X+4
各年度計画所得	−500	300	400	300	500
繰越欠損：500	発生	→			
			損金算入		
グループ法人清算	清算実行		→		
欠損金引継：400				損金算入	
設備投資					実行 特別償却 税額控除

　当初の事業計画上の利益から想定される加・減算の額を調整した計画上の課税所得を基にタックスプランを策定します。利用可能な利益（資金）の確保というタックスプランニングの目的の観点から，計画上の利益から算定された予想課税所得を税務リスクが生じない範囲で利用可能な制度を検討します。

　ただし，ここで認識すべきことは，タックスプランニングの目的は単純な税額の圧縮が目的ではないということです。まず事業計画があり，その計画を遂行するうえで，配当や再投資の原資をいかに確保し，かつ将来の税務リスクを排除するかを考えることが重要です。

❺　消費税のタックスプランニング

　企業活動に伴って，消費税も大きく関係しています。ただし，消費税は企業が最終負担者となることは基本的にはないはずです。企業における消費税のタックスプランニングとしては，選択の余地のある取り扱いのどの方法を選択するのがより有利になるかという点に集中すると思われます。

(1) 簡易課税方式

基準期間課税売上5千万円以下の法人には簡易課税制度が認められています。

●原則的な課税方式

| 課税売上
に係る消費税 | − | 課税仕入れ等
に係る消費税 | = | 納付すべき
消費税額 |

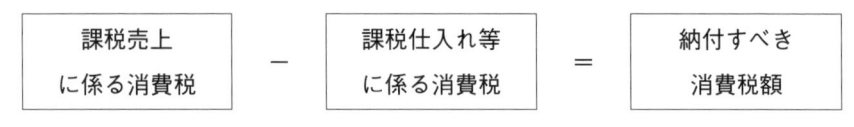

●簡易課税方式

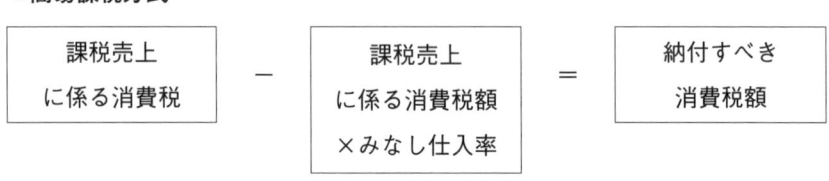

| 課税売上
に係る消費税 | − | 課税売上
に係る消費税額
×みなし仕入率 | = | 納付すべき
消費税額 |

両者の差は仕入税額控除を実額で集計するか，みなし仕入率で計算するかの違いです。従って，所定のみなし仕入率よりも実額の仕入税額が多ければ原則的な課税方式によるほうが有利になります。また，設備投資を行ったことにより固定資産等に係る控除対象消費税が多額な場合にも原則課税が有利となります。

(2) 個別対応方式，一括比例配分方式の選択

非課税売上がある場合の控除対象消費税の控除方法としては個別対応方式と一括比例配分方式があります。

個別対応方式とは，課税仕入れを

- 課税売上のみに対応する仕入れ
- 非課税売上のみに対応する仕入れ
- 課税売上と非課税売上に共通して対応する仕入れ

に区分して，控除対象消費税を

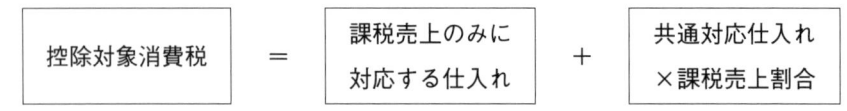

| 控除対象消費税 | = | 課税売上のみに
対応する仕入れ | + | 共通対応仕入れ
×課税売上割合 |

として計算する方式です。

　一括比例配分方式は上記のような細かい計算はせず課税売上割合で一括計算する方式です。

| 控除対象消費税 | ＝ | 課税仕入れ | × | 課税売上割合 |

　仕入税額控除の95％ルールが廃止され，すべての会社でどちらの方法を採用するかの選択が必要になりました。この場合にも有利，不利によって選択しますが，一括比例配分方式は2年連続して適用する必要がありますので，単年度の状況だけでは判断できないケースもあります。

付　録

本書で使用した Excel シート一覧およびダウンロード方法

　　　3表 ………………………………………… 98
　　　売上・売上原価計画 ……………………100
　　　経費計画…………………………………102
　　　人員計画…………………………………103
　　　設備投資計画 ……………………………104
　　　資金計画…………………………………105
　　　その他資産負債 …………………………106
　　　納税計画…………………………………107
　　　営業外特別損益 …………………………108
　　　実効税率計算 ……………………………109

【ダウンロード方法】

1　インターネットで，(株)税務経理協会（http://www.zeikei.co.jp/）のホームページにアクセスしてください。
2　ページ上部の「デジタル情報」のタブをクリックし，画面が切り替わりましたら「各種ダウンロード・サポート教材」の項目をクリックしてください。
3　「中小企業のための事業計画作成の手引き」という書名の横の「Download」ボタンをクリックしてください。

注意！　この Excel シートは，本書の内容と Excel の使用法をよくご理解の上，ご自分の会社の業種や業態にあうように修正して，お使いください。
　　　　また，随時シートは更新されていく可能性もあります。
　　　　当該シートの使用によって生じた損害について，(株)税務経理協会および著者の3名は一切責任は負いません。

3表
予想P/L (単位:千円)

	直前前々期 ○年○月期	直前々期 ○年○月期	直前期 ○年○月期	計画1期 ○年○月期	計画2期 ○年○月期	計画3期 ○年○月期	計画4期 ○年○月期	計画5期 ○年○月期
売上高								
売上原価	-	-	-					
売上総利益	-	-	-					
売上総利益率								
販売管理費	-	-	-					
内減価償却費	-	-	-	-	-	-	-	-
営業利益	-	-	-					
営業利益率								
営業外収益	-	-	-	-	-	-	-	-
営業外費用	-	-	-	-	-	-	-	-
経常利益	-	-	-					
特別利益	-	-	-	-	-	-	-	-
特別損失	-	-	-	-	-	-	-	-
税引前利益	-	-	-					
法人税等								
直前期純利益	-	-	-					

予想B/S (単位:千円)

	直前前々期	直前々期	直前期	計画1期	計画2期	計画3期	計画4期	計画5期
【流動資産】	-	-	-	-	-	-	-	-
現預金			-					
売上債権			-					
棚卸資産			-					
その他流動資産			-					
【固定資産】	-	-	-	-	-	-	-	-
(有形固定資産)	-	-	-	-	-	-	-	-
建物			-	-	-	-	-	-
建物附属設備			-	-	-	-	-	-
機械装置			-	-	-	-	-	-
車両運搬具			-	-	-	-	-	-
工具器具備品			-	-	-	-	-	-
土地			-	-	-	-	-	-
建設仮勘定			-	-	-	-	-	-
(無形固定資産)	-	-	-	-	-	-	-	-
ソフトウェア			-	-	-	-	-	-
その他			-	-	-	-	-	-
ソフトウェア仮勘定			-	-	-	-	-	-
(投資等)			-	-	-	-	-	-
【資産合計】	-	-	-	-	-	-	-	-
【流動負債】	-	-	-	-	-	-	-	-
仕入債務			-					
未払法人税等(△未収)			-					
未払消費税(△未収)			-					
その他流動負債			-					
【固定負債】	-	-	-	-	-	-	-	-
借入金	-		-					
その他			-					
【負債合計】	-	-	-	-	-	-	-	-
資本金			-					
剰余金			-					
【純資産合計】	-	-	-	-	-	-	-	-
【負債・純資産合計】	-	-	-	-	-	-	-	-

予想CF (単位:千円)

	直前前々期	直前々期	直前期	計画1期	計画2期	計画3期	計画4期	計画5期
税引前直前期利益		-	-					
減価償却費			-					
売上債権増減			-					
棚卸資産増減			-					
仕入債務の増減			-					
その他			-					
法人税等支払額			-					
営業CF			-	-	-	-	-	-
設備投資			-	-	-	-	-	-
その他			-	-	-	-	-	-
投資CF			-	-	-	-	-	-
借入			-	-	-	-	-	-
返済			-	-	-	-	-	-
増資			-	-	-	-	-	-
配当			-	-	-	-	-	-
財務CF			-	-	-	-	-	-
現預金増減			-					
期首現預金残高			-					
期末現預金残高			-	-	-	-	-	-

(注)「前提条件」の「消費税支払額」の計算式は、簡易課税を選択した会社や課税売上割合が95%未満の会社を想定していない。これらに該当する会社では、

付　録　99

前提条件									個別計画表
項目	直前前々期	直前々期	直前期	計画1期	計画2期	計画3期	計画4期	計画5期	
対前期増減率									売上計画
原価率									売上原価計画
販売管理比率									経費計画 → 人員計画
									設備投資計画

営業外・特別損益計画
営業外・特別損益計画
資金計画
営業外・特別損益計画
営業外・特別損益計画

実効税率									
繰越欠損金の発生				-	-	-	-	-	納税計画
繰越欠損金使用				-	-	-	-	-	納税計画
市県民税均等割									

前提条件									個別計画表
項目	直前前々期	直前々期	直前期	計画1期	計画2期	計画3期	計画4期	計画5期	
売掛金回転期間(月)									予想CF
棚卸資産回転期間(月)									その他資産負債計画

設備投資計画

その他資産負債計画

仕入債務回転期間(月)									
中間申告の方法									
法人税中間納付割合									その他資産負債計画
消費税年納付回数									
仮受消費税(売上高)				-	-	-	-	-	売上計画
仮払消費税(売上原価)				-	-	-	-	-	売上原価計画
仮払消費税(販管費)				-	-	-	-	-	経費計画
仮払消費税(設備投資)				-	-	-	-	-	設備投資計画
仮受消費税(営業外特別)				-	-	-	-	-	営業外特別損益計画
仮払消費税(営業外特別)				-	-	-	-	-	営業外特別損益計画
消費税支払額									

前提条件									個別計画表、他の3表
項目	直前前々期	直前々期	直前期	計画1期	計画2期	計画3期	計画4期	計画5期	予想P/L
									予想P/L
									予想B/S
									予想B/S
									予想P/L+予想B/S
									予想P/L+予想B/S
									予想P/L+予想B/S

設備投資計画
その他資産負債計画

借入				-	-	-	-	-	
返済				-	-	-	-	-	資金計画
増資				-	-	-	-	-	
配当				-	-	-	-	-	

予想B/S

別途仕入控除税額を計算して消費税支払額を予測する必要がある。

売上計画

計画等概況率								→PL計画へ

売上高
(単位：千円)

売上構成 商品/品目	直前前々期 (～年～月期)	直前々期 (～年～月期)	直前期 (～年～月期)	計画1期 (～年～月期)	計画2期 (～年～月期)	計画3期 (～年～月期)	計画4期 (～年～月期)	計画5期 (～年～月期)
製品A				-	-	-	-	-
製品B				-	-	-	-	-
製品C				-	-	-	-	-
商品D				-	-	-	-	-
商品E				-	-	-	-	-
計	-	-	-	-	-	-	-	-

課税売上								
仮受消費税	-	-	-	-	-	-	-	-

→B/S計画へ

売上数量
(単位：　)

売上構成 商品/品目	直前前々期 (～年～月期)	直前々期 (～年～月期)	直前期 (～年～月期)	計画1期 (～年～月期)	計画2期 (～年～月期)	計画3期 (～年～月期)	計画4期 (～年～月期)	計画5期 (～年～月期)
製品A								
製品B								
製品C								
商品D								
商品E								
計								

単価(売上高/売上数量)
(単位：　)

売上構成 商品/品目	直前前々期 (～年～月期)	直前々期 (～年～月期)	直前期 (～年～月期)	計画1期 (～年～月期)	計画2期 (～年～月期)	計画3期 (～年～月期)	計画4期 (～年～月期)	計画5期 (～年～月期)
製品A								
製品B								
製品C								
商品D								
商品E								

売上原価計画
(単位：千円)

	直前前々期 (～年～月期)	直前々期 (～年～月期)	直前期 (～年～月期)	計画1期 (～年～月期)	計画2期 (～年～月期)	計画3期 (～年～月期)	計画4期 (～年～月期)	計画5期 (～年～月期)
製品A	-	-	-	-	-	-	-	-
製造単価								
原価率								
材料費	-	-	-	-	-	-	-	-
人件費								
経費								
製品B								
製造単価								
原価率								
材料費	-	-	-	-	-	-	-	-
人件費								
経費								
製品C								
製造単価								
原価率								
材料費								
人件費								
経費								
商品D	-	-	-	-	-	-	-	-
原価率								
商品E	-	-	-	-	-	-	-	-
原価率								
合計	-	-	-	-	-	-	-	-
原価率								

→P/L計画へ

製商品1単位あたり単価

	直前前々期	直前々期	直前期	計画1期	計画2期	計画3期	計画4期	計画5期
材料A								
材料B								
材料C								
商品D								
商品E								

製造経費・人件費(経費計画から入力)

	直前前々期	直前々期	直前期	計画1期	計画2期	計画3期	計画4期	計画5期
人件費			-	-	-	-	-	-
経費			-	-	-	-	-	-

材料費以外の製造費(人件費・経費)配賦割合

	直前前々期	直前々期	直前期	計画1期	計画2期	計画3期	計画4期	計画5期
商品A								
商品B								
商品C								

課税取引

	直前前々期	直前々期	直前期	計画1期	計画2期	計画3期	計画4期	計画5期
材料費、商品代								
経費等								
合計			-	-	-	-	-	-
仮払消費税			-	-	-	-	-	-

→B/S計画へ

付　録

比率分析

売上高対前年比

売上構成 部門／品目	直前前々期 ○年○月期	直前々期 ○年○月期	直前期 ○年○月期	計画1期 ○年○月期	計画2期 ○年○月期	計画3期 ○年○月期	計画4期 ○年○月期	計画5期 ○年○月期
製品A								
製品B								
製品C								
商品D								
商品E								
計								

売上数量

売上構成 部門／品目	直前前々期 ○年○月期	直前々期 ○年○月期	直前期 ○年○月期	計画1期 ○年○月期	計画2期 ○年○月期	計画3期 ○年○月期	計画4期 ○年○月期	計画5期 ○年○月期
製品A								
製品B								
製品C								
商品D								
商品E								
計								

単価(売上高/売上数量)対前年比

売上構成 部門／品目	直前前々期 ○年○月期	直前々期 ○年○月期	直前期 ○年○月期	計画1期 ○年○月期	計画2期 ○年○月期	計画3期 ○年○月期	計画4期 ○年○月期	計画5期 ○年○月期
製品A								
製品B								
製品C								
商品D								
商品E								

経費計画

(単位:千円)

勘定科目	変動/固定	計画値(B)	税込/税抜	課税取引	直前前々期 (ニ年前/月額)	直前々期 (二年前/月額)	直前期 (一年前/月額)	計画1期 (一年目/月額)	計画2期 (二年目/月額)	計画3期 (三年目/月額)	計画4期 (四年目/月額)	計画5期 (五年目/月額)
給与手当		人員計画						-	-	-	-	-
賞与		人員計画						-	-	-	-	-
退職金		人員計画						-	-	-	-	-
法定福利費		人員計画						-	-	-	-	-
福利厚生費		人員計画						-	-	-	-	-
人件費計					-	-	-	-	-	-	-	-
水道光熱費								-	-	-	-	-
減価償却費		設備投資計画	—					-	-	-	-	-
賃借料								-	-	-	-	-
修繕費								-	-	-	-	-
消耗品費								-	-	-	-	-
経費計					-	-	-	-	-	-	-	-
計					-	-	-	-	-	-	-	-

課税　→売上原価計画へ

→売上原価計画へ

前払費用	月数	課税取引	直前期実績	直前期実績	直前期実績	計画1期	計画2期	計画3期	計画4期	計画5期
合計										

→その他資産負債計画へ

未払金	月数	課税取引	直前期実績	直前期実績	直前期実績	計画1期	計画2期	計画3期	計画4期	計画5期
合計				-	-					

→その他資産負債計画へ

未払費用	月数	課税取引	計画1期	計画1期	計画1期	計画1期	計画2期	計画3期	計画4期	計画5期
合計						-	-	-	-	-

→その他資産負債計画へ

対売上高販売管理費比率

→P/L計画へ

(単位:千円)

SGA(販管費)	変動/固定	計画値(B)	税込/税抜	課税取引	直前前々期 (三年前/月額)	直前々期 (二年前/月額)	直前期 (一年前/月額)	計画1期 (一年目/月額)	計画2期 (二年目/月額)	計画3期 (三年目/月額)	計画4期 (四年目/月額)	計画5期 (五年目/月額)
役員報酬												
給料手当		人員計画						-	-	-	-	-
賞与		人員計画						-	-	-	-	-
退職金		人員計画						-	-	-	-	-
法定福利費		人員計画						-	-	-	-	-
福利厚生費		人員計画						-	-	-	-	-
広告宣伝費								-	-	-	-	-
販売手数料								-	-	-	-	-
運送費								-	-	-	-	-
旅費交通費								-	-	-	-	-
通信費								-	-	-	-	-
水道光熱費								-	-	-	-	-
減価償却費		設備投資計画						-	-	-	-	-
賃借料								-	-	-	-	-
修繕費								-	-	-	-	-
消耗品費								-	-	-	-	-
保険料								-	-	-	-	-
交際費								-	-	-	-	-
寄付金								-	-	-	-	-
租税公課								-	-	-	-	-
計								-	-	-	-	-

課税　-　-　-　-　-
仮受消費税　-　-　-　-　-

→P/L計画へ

前払費用	月数	課税取引	直前期	直前期	直前期	計画1期	計画2期	計画3期	計画4期	計画5期
合計										

→その他資産負債計画へ

未払金	月数	課税取引	直前期	直前期	直前期	計画1期	計画2期	計画3期	計画4期	計画5期
合計										

→その他資産負債計画へ

未払費用	月数	課税取引	直前期	直前期	直前期	計画1期	計画2期	計画3期	計画4期	計画5期
合計										

→その他資産負債計画へ

付　録　103

人員計画　　　　　　　　　　　　　　　　　　　　　　　　　　（単位：千円）

役職	昇給率	計画2期 (○ヶ月目)	計画3期 (○ヶ月目)	計画4期 (○ヶ月目)	計画5期 (○ヶ月目)
	昇給率	1.0%	1.0%	1.0%	1.0%
部長		-	-	-	-
課長		-	-	-	-
係長		-	-	-	-
一般職員		-	-	-	-

（単位：人）

部門		役職	昇給率	計画2期	計画3期	計画4期	計画5期
原価	購買部	部長		-	-	-	-
		課長		-	-	-	-
		係長		-	-	-	-
		一般従業員		-	-	-	-
	製造	部長		-	-	-	-
		課長		-	-	-	-
		係長		-	-	-	-
		一般従業員		-	-	-	-
計				-	-	-	-
販売管理	総務部	部長		-	-	-	-
		課長		-	-	-	-
		係長		-	-	-	-
		一般従業員		-	-	-	-
	営業部	部長		-	-	-	-
		課長		-	-	-	-
		係長		-	-	-	-
		一般職員		-	-	-	-
計				-	-	-	-
		部長		-	-	-	-
		課長		-	-	-	-
		係長		-	-	-	-
		一般職員		-	-	-	-
合計				-	-	-	-

採用計画　　　　　　　　　　　　　　　　（単位：人）

	計画2期 (○ヶ月目)	計画3期 (○ヶ月目)	計画4期 (○ヶ月目)	計画5期 (○ヶ月目)
	-	-	-	-
	-	-	-	-

退職予定　　　　　　　　　　　　　　　　（単位：人）

	計画2期 (○ヶ月目)	計画3期 (○ヶ月目)	計画4期 (○ヶ月目)	計画5期 (○ヶ月目)
	-	-	-	-
	-	-	-	-

給与手当　　　　　　　　　　　　　　　　　　　　　　　　　　　（単位：千円）

部門		役職	昇給率	計画1期	計画2期	計画3期	計画4期	計画5期
原価	購買部	部長		-	-	-	-	-
		課長		-	-	-	-	-
		係長		-	-	-	-	-
		一般職員		-	-	-	-	-
	製造	部長		-	-	-	-	-
		課長		-	-	-	-	-
		係長		-	-	-	-	-
		一般		-	-	-	-	-
計				-	-	-	-	→経費計画へ
販売管理	総務部	部長		-	-	-	-	-
		課長		-	-	-	-	-
		係長		-	-	-	-	-
		一般		-	-	-	-	-
	営業部	部長		-	-	-	-	-
		課長		-	-	-	-	-
		係長		-	-	-	-	-
		一般		-	-	-	-	-
計				-	-	-	-	→経費計画へ
合計				-	-	-	-	

退職金　　　　　　　　　　　　　　　（単位：千円）

	計画1期	計画2期	計画3期	計画4期	計画5期
原価					
販売管理費					→経費計画へ

賞与　　　支給月数

原価		-	-	-	→経費計画へ
販売管理費		-	-	-	→経費計画へ

法定福利費　　対給与比率

原価		-	-	-	→経費計画へ
販売管理費		-	-	-	→経費計画へ

福利厚生費　　対給与比率

原価		-	-	-	→経費計画へ
販売管理費		-	-	-	→経費計画へ

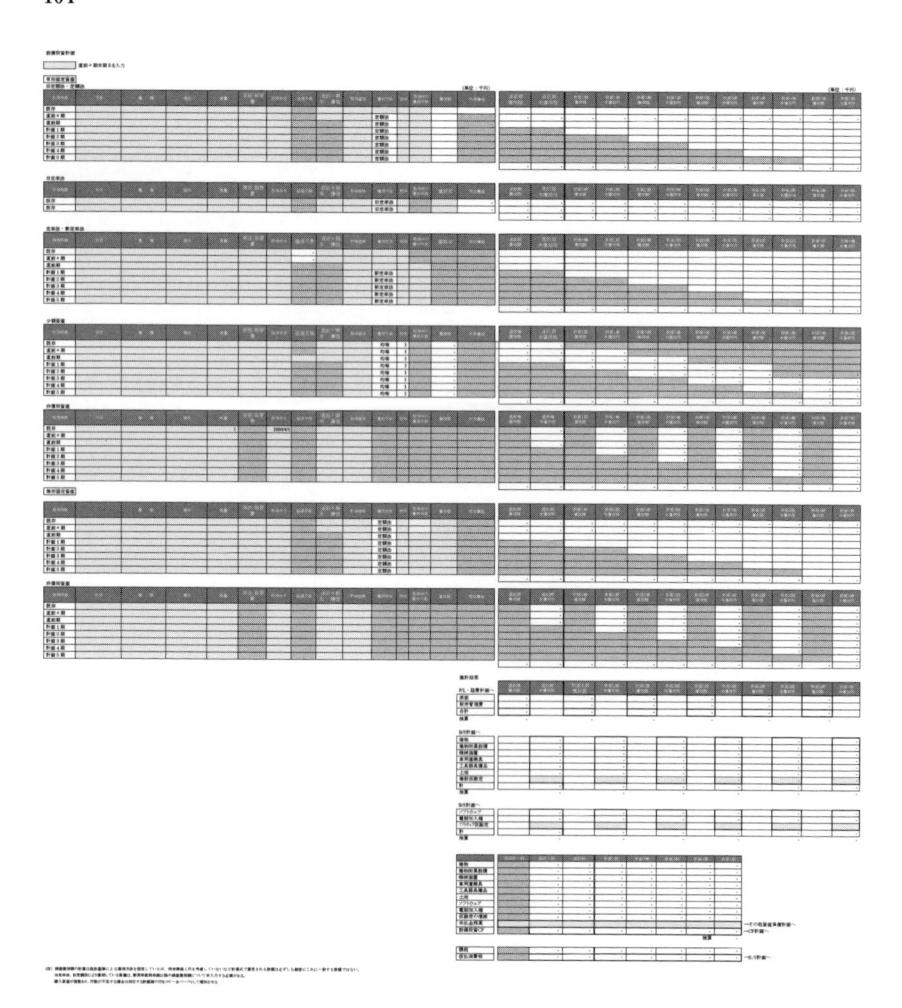

付　録　　105

資金計画

(単位:千円)

				直前期	計画1期	計画2期	計画3期	計画4期	計画5期	
前期末現金預金残高			①	-						
【営業収支】										
収入	売上当月回収(売上-期末売上債権)			-						
	売上債権回収(前期末売上債権)			-	-					
	その他収入(営業外・特別利益)			-	-	-	-	-	-	
	営業収入計		②	-	-	-	-	-	-	
支出	売上原価支払い(原価±期首期末在庫・期末買掛-未払-償却費)			-						
	買掛金支払い(前期末買掛金)			-	-					
	販売管理費(販売管理費-期末未払-償却費)			-	-	-	-	-	-	
	前期末未払金・未払費用(経費)支払い			-	-					
	設備の購入			-	-	-	-	-	-	
	利息の支払い			-						→営業外・特別損益計画へ
	法人税の支払い			-						
	その他支出(利息以外の営業外・特別損失)			-						
	営業支出計		③	-						
未払消費税の増減額			④	-						
その他資産負債の増減			⑤	-	-					
営業収支②-③+④+⑤			⑥	-						
【財務収支】										
収入	借入金			-	-	-	-	-	-	→CF計画へ
	増資			-	-	-	-	-	-	→CF計画へ
	財務収入計		⑦	-	-	-	-	-	-	
支出	借入金の返済			-						→CF計画へ
	配当の支払い			-						→CF計画へ
	財務支出計		⑧	-						
差引収支⑨=⑥+⑦-⑧			⑨	-						
翌年繰越⑩=①+⑨			⑩	-						
検算										

返済予定表

調達先	返済条件			直前期	計画1期	計画2期	計画3期	計画4期	計画5期	
○○銀行	契約No.		期首							
	借入日	前期○月○日	借入							
	当初借入金額		返済							
	利率		期末		-	-	-	-	-	
	返済期日	計画○期○月○日	利息		-	-	-	-	-	
○○銀行	契約No.		期首							
	借入日	直前期○月○日	借入							
	当初借入金額		返済							
	利率		期末	-	-	-	-	-	-	
	返済期日	計画○期○月○日	利息	-	-	-	-	-	-	
○○銀行	契約No.		期首							
	借入日	計画○期○月○日	借入							
	当初借入金額		返済							
	利率		期末			-	-	-	-	
	返済期日	計画○期○月○日	利息			-	-	-	-	
合計			期首	-	-	-	-	-	-	
			借入	-	-	-	-	-	-	→資金計画へ
			返済	-	-	-	-	-	-	→資金計画へ
			期末	-	-	-	-	-	-	
			利息	-	-	-	-	-	-	→資金計画へ

その他資産負債計画

(単位:千円)

その他資産負債の内訳		直前前々期 ○年○月期	直前々期 ○年○月期	直前期 ○年○月期	計画1期 ○年○月期	計画2期 ○年○月期	計画3期 ○年○月期	計画4期 ○年○月期	計画5期 ○年○月期	
その他流動資産	前払費用(経費)									
	合計	-	-	-	-	-	-	-	-	→B/S計画へ
その他投資	出資金									
	その他									
	合計	-	-	-	-	-	-	-	-	→B/S計画へ
その他負債(流動)	未払金(経費)	-	-	-	-	-	-	-	-	
	未払金(固定資産)	-	-	-	-	-	-	-	-	
	未払費用(経費)	-	-	-	-	-	-	-	-	
	合計	-	-	-	-	-	-	-	-	→B/S計画へ
その他負債(固定)										
	合計	-	-	-	-	-	-	-	-	→B/S計画へ

付　録　107

納税計画
→P/L計画へ　　　　　　　　　　　　　　　　　　　　　（単位：千円）

発生年度	繰越欠損金発生	直前期	計画1期	計画2期	計画3期	計画4期	計画5期
税引前利益		-					
直前前々期							
直前々期							
直前期	-						
計画1期	-						
計画2期	-						
計画3期	-						
計画4期	-						
計画5期	-						
繰越欠損金使用額		-	-	-	-	-	-

→P/L計画へ

営業外特別損益計画

(単位:千円)

営業外損益、特別損益の内訳		直前前々期 ○年○月期	直前々期 ○年○月期	直前期 ○年○月期	計画1期 ○年○月期	計画2期 ○年○月期	計画3期 ○年○月期	計画4期 ○年○月期	計画5期 ○年○月期	
営業外収益										
	合計	-	-	-	-	-	-	-	-	→P/L計画へ
営業外費用	支払利息	-		-		-		-		
	合計	-	-	-	-	-	-	-	-	→P/L計画へ
特別利益										
	合計	-	-	-	-	-	-	-	-	→P/L計画へ
特別損失										
	合計	-	-	-	-	-	-	-	-	→P/L計画へ
利益	課税取引									
	仮払消費税		-	-	-	-	-	-	-	→B/S計画へ
費用	課税取引									
	仮受消費税		-	-	-	-	-	-	-	→B/S計画へ

付　録　109

実効税率の計算シート

外形標準課税の適用がない場合

適用時期	H23年度税制改正後 H24.4.1以後	復興特別法人税加算 H24.4.1以後3年間
法人税	25.5%	25.5%
住民税	20.7%	20.7%
復興特別法人税		10.0%
事業税	5.8%	5.8%
事業税標準税率	5.3%	5.3%
地方法人特別税	81.0%	81.0%
実効税率	37.1%	39.4%

外形標準課税の適用がある場合

適用時期	H23年度税制改正後 H24.4.1以後	復興特別法人税加算 H24.4.1以後3年間
法人税	25.5%	25.5%
住民税	20.7%	20.7%
復興特別法人税		10.0%
事業税	3.3%	3.3%
事業税標準税率	2.9%	2.9%
地方法人特別税	148.0%	148.0%
実効税率	35.6%	38.0%

実効税率の計算例

$$\text{法人税率} \times \frac{(1 + \text{住民税率}) + \text{事業税率} + \text{事業税標準税率} \times \text{地方法人特別税率}}{1 + \text{事業税率} + \text{事業税標準税率} \times \text{地方法人特別税率}} = \text{実効税率}$$

実効税率計算シート（外形標準課税なし）所在地を東京都とする資本金1千万円以下の法人を想定

所得
800万超

$$\frac{0.255 \times (1 + 0.207) + 0.0578 + 0.053 \times 0.81}{1 + 0.0578 + 0.053 \times 0.81} = 37.1\%$$

800万以下　(本則)
400万超

$$\frac{0.19 \times (1.0000 + 0.207) + 0.04365 + 0.04 \times 0.81}{1 + 0.0437 + 0.04 \times 0.81} = 28.4\%$$

(特例)

$$\frac{0.15 \times (1.0000 + 0.207) + 0.04365 + 0.04 \times 0.81}{1 + 0.0437 + 0.04 \times 0.81} = 23.9\%$$

400万以下　(本則)

$$\frac{0.19 \times (1.0000 + 0.207) + 0.0295 + 0.027 \times 0.81}{1 + 0.0295 + 0.027 \times 0.81} = 23.0\%$$

(特例)

$$\frac{0.15 \times (1.0000 + 0.207) + 0.0295 + 0.027 \times 0.81}{1 + 0.0295 + 0.027 \times 0.81} = 19.2\%$$

復興特別税制適用

所得
800万超

$$\frac{0.255 \times (1.1 + 0.207) + 0.0578 + 0.053 \times 0.81}{1 + 0.0578 + 0.053 \times 0.81} = 39.4\%$$

800万以下　(本則)
400万超

$$\frac{0.19 \times (1.1 + 0.207) + 0.04365 + 0.04 \times 0.81}{1 + 0.04365 + 0.04 \times 0.81} = 30.1\%$$

(特例)

$$\frac{0.15 \times (1.1 + 0.207) + 0.04365 + 0.04 \times 0.81}{1 + 0.04365 + 0.04 \times 0.81} = 22.4\%$$

400万以下　(本則)

$$\frac{0.19 \times (1.1 + 0.207) + 0.0295 + 0.027 \times 0.81}{1 + 0.0295 + 0.027 \times 0.81} = 24.8\%$$

(特例)

$$\frac{0.15 \times (1.1 + 0.207) + 0.0295 + 0.027 \times 0.81}{1 + 0.0295 + 0.027 \times 0.81} = 20.6\%$$

あとがき

　徳永信の手引きシリーズも今回で，おかげさまで3冊目となりました。本書は前2冊と比べて会計的側面が強いため，宮原一東弁護士，岡本成道弁護士にはお休みいただき，執筆陣に，新たに，中村徹公認会計士を加えての出版となりました。宮原一東弁護士，岡本成道弁護士にはシリーズ4冊目でまたご登場いただく予定です。

　3冊目の原稿を執筆，ゲラをチェックしているこの最中も，日本経済の景気が上向く気配はなく，業種を問わず企業を取り巻く経営環境は明るいものではありません。海外に目を向けても，消費大国中国は近隣諸国と国境紛争問題を抱え，貿易取引に影響を与えています。

　事業の道しるべたる事業計画は，経営環境が良くない時こそ，その重要性がますます高まると考えております。

　昨今，懇意にさせていただいている矢作尚久医師は，『事業（ビジネス）をやるからには楽しいことをやりましょう』とよくおっしゃいます。彼は決して『儲けましょう』とか『有名になりましょう』とかはおっしゃらず，『楽しいことをやりましょう』とおっしゃいます。

　最近，思うのですが，矢作医師のおっしゃる『楽しいこと』とは，『明確なビジョンと理念を見据えて，そこに向かって粛々と歩いていくこと』なのでは?!と思うようになりました。

　事業計画は，まさに『明確なビジョンと理念を見据えて，そこに向かって粛々と歩いていく』ことを事業主自身が数字化，金額化したものに他ありません。

　粛々と歩いていく最中，道に迷うときもありますし，うっかり転んでしまう時もあります。

　貸していてもらっていた傘をゲリラ豪雨の中，傘を返せと言われる時もあるでしょう。

そんな時は自分の歩いてきた軌跡をビジョンと理念を振り返って，また歩き始めれば良いと思っています。

　本書を読んでいただいている皆様が，パソコンで表計算ソフトとにらめっこして，皆様なりの明確なビジョンと理念を数字化して入力して，それに向かって粛々と歩いて行っていただければと思います。

　最後になりましたが，日頃よりお世話になっている矢作尚久先生のご結婚をお祝いするとともに執筆にご協力いただきました皆様に感謝いたします。

公認会計士　　安田　憲生

＜著者紹介＞

德 永　　信（とくなが　しん）
公認会計士，税理士
公認会計士德永信事務所代表
宗和税理士法人代表社員
1981年　公認会計士登録
1987年　税理士登録
監査法人トーマツ（現有限責任監査法人トーマツ）勤務（東京事務所，豪州シドニー駐在員）を経て
1987年　公認会計士德永信事務所開設
2008年　宗和税理士法人設立，代表社員就任
公認会計士事務所においては，株式会社，公益法人，学校法人などの監査業務，財務デュー・ディリジェンス業務，内部統制調査業務などに従事。
宗和税理士法人においては，法人及び個人の所得税・消費税に関する相談・申告などの一般業務，相続・贈与，譲渡所得等の資産税業務に関する相談・申告などの一般業務をはじめとして，事業再生・Ｍ＆Ａに係る税務デュー・ディリジェンス，組織再編成業務などのサービスを包括的に提供している。

安 田　憲 生（やすだ　のりお）
公認会計士
中央大学商学部卒業
太田昭和監査法人（現　新日本有限責任監査法人）入所後，アーンストアンドヤング・トランザクション・アドバイザリー・サービス株式会社に勤務し，財務デュー・ディリジェンス業務に携わる。
現在，公認会計士德永信事務所，安田憲生公認会計士事務所にて，私的再建や民事再生を通じて会社再建に取り組んでいる。また，医総研研究員として，病院・医院の経営に関するコンサルティング業務にも取り組んでいる。
HP：http://yasudacpa.vpweb.jp/

中 村　　徹（なかむら　とおる）
公認会計士，税理士
長崎県庁，監査法人トーマツを経て，アーンストアンドヤング・トランザクション・アドバイザリーサービス株式会社に勤務し，財務デュー・ディリジェンス業務に携わる。
現在，中村公認会計士事務所を開設，経営革新等支援機関の認定を受け中小企業の経営支援などに取り組んでいる。

著者との契約により検印省略

平成25年6月15日　初版第1刷発行

中小企業のための
事業計画作成の手引き

著　者	徳　永　　　信
	安　田　憲　生
	中　村　　　徹
発 行 者	大　坪　嘉　春
製 版 所	株式会社ムサシプロセス
印 刷 所	税経印刷株式会社
製 本 所	株式会社三森製本所

発 行 所　東京都新宿区下落合2丁目5番13号　株式会社 税務経理協会

郵便番号　161-0033　　振替 00190-2-187408　　電話 (03) 3953-3301 (編集部)
　　　　　　　　　　FAX (03) 3565-3391　　　 (03) 3953-3325 (営業部)
URL http : //www.zeikei.co.jp/
乱丁・落丁の場合はお取替えいたします。

Ⓒ　徳永　信・安田憲生・中村　徹 2013　　Printed in Japan

本書を無断で複写複製（コピー）することは，著作権法上の例外を除き，禁じられています。本書をコピーされる場合は，事前に日本複製権センター（JRRC）の許諾を受けてください。
JRRC (http://www.jrrc.or.jp　eメール:info@jrrc.or.jp　電話:03-3401-2382)

ISBN978-4-419-05912-5　C3034